KB155824

성인과
아동을 위한
BGT의
정신역동적 해석

Norman Reichenberg & Alan J. Raphael 공저

최성진 역

머 리 말

Bender Gestalt Test 또는 Bender로 알려진 시각운동형태검사는 정신건강전문가에게 없어서는 안 될 평가 도구로 오랜 역사를 가지고 있다. 지난 15년간 심리검사 사용에 대한 조사 결과, Bender Gestalt Test는 항상 10위권 안에 들었고, 검사배터리의 필수 검사로 자리 잡아 왔다. 하지만 이 검사의 잠재적 용도는 잘 알려지지 않았다.

지난 50년 동안 Bender Gestalt Test는 시각운동평가(주로 아동), 신경심리선별검사, 인지도덕성평가, 그리고 성격검사로 사용되었다. 성인과 아동을 위한 *Bender Gestalt Test의 정신역동적 해석*에서 저자들은 역동적 해석 체계를 기초로 Bender Gestalt Test에 대한 통찰력 있고 독특한 접근법을 제공했다. 이 덕분에 임상가들은 9개의 도형으로 빠르게 성격을 평가하고, 치료계획을 세울 수 있었다. 저자들은 3장에서 11장까지 각 도형에 대한 해석의 근거를 제시하고, 임상 특징을 소개했다. 그리고 임상가에게 필요한 시사점을 도출하기 위해 사례를 들었다. 아울러 각 장의 끝에 Bender 도형의 의미를 설명하고, 해석 전략을 수립하기 위해 질문을 수록했다.

더불어 저자들은 BGT의 평가 기법과 한계점을 기술했다. 그리고 검사 실시에 대한 개요와 함께 Bender 도형 간의 관계도 논의했다. 마지막 장에는 Bender Gestalt Test의 최근 연구를 소개했다. 저자들은 Bender Gestalt Test뿐만 아니라 다른 어떤 검사도 진단이나 임상적 의사 결정의 유일한 근거가 되어서는 안 된다는 점을 분명히 하고 있다. 따라서 Bender Gestalt Test는 심리검사배터리로 사용될 때 의미가 있다.

이 책은 Bender Gestalt Test를 해석하는 데 필요한 특징적이고 세부적인 통찰을 제공하고 있다. 그리고 Bender Gestalt Test의 투사적 특성을 이용하는 방법도 제시하고 있다. 나는 노련한 임상가와 미래를 꿈꾸는 학생들에게 이 책을 추천하고 싶다.

Chris Piotrowski, M.A.

연구 자문위원

West Florida 대학

역자 서문

이 책은 Norman Reichenberg와 Alan J. Raphael의 "Advanced Psychodiagnostic Interpretation of the Bender Gestalt Test: Adults and Children"을 번역한 것이다. 내가 처음 BGT를 접한 것은 학부 때이다. 대학원 선배의 실습 피검자로 임상심리실험실에서 BGT를 만난 것은 운명 같은 일이었다. 당시 나는 호기심과 설레는 마음으로 도형을 그렸다. 하지만 검사만 했을 뿐 피드백은 받지 못했다. 지금도 검사가 끝난 후 선배의 알쏭달쏭한 표정만 기억에 남아 있다.

몇 년이 지나 임상심리전문가 수련을 받으면서 본격적으로 BGT를 사용하게 되었다. 처음에는 발달이나 신경심리평가와 성격 특징을 파악하는 훈련을 받았다. 당시에 나는 BGT에서 피검자의 무의식이 드러나기를 바라는 마술 같은 기대를 하고 있었다. 그러던 차에 BGT의 정신역동에 관한 책을 찾았고, 이 놀라운 책을 발견하게 되었다.

처음 받은 인상은 황당함이었다. 책에는 온통 성과 공격성에 관한 정신분석의 내용들로 가득했다. 그러나 책은 초보 심리학자에게 심리검사의 마술과 같은 환상을 충족시켜주기에 충분했다. 나는 흥미롭게 책을 읽었고 피검자에게 적용해 보았다. 그리고 10여 년이 흘렀다.

임상과 상담 장면에서 BGT가 많이 사용됨에도 불구하고, 나는 그 유용성에 회의를 품은 심리학자들을 많이 보아 왔다. 하지만 감사하게도 임상 경험을 통해 BGT의 역동적 해석을 심리치료에 적용할 수 있는 치료적 평가의 가치를 발견하게 되었다. 피검자들이 보여준 자료들은 나를 흥분시켰다. BGT의 역동적 해석의 힘은 실로 놀라웠다. 과거, 선배가 실시해준 검사로서의 BGT는 비로소 심리치료의 훌륭한 도구로 꽃을 피우게 되었다.

사실 BGT에 관한 책이 국내에 거의 소개되지 않아 늘 목마름이 있었다. 아울러 내가 경험한 그 놀라움을 여러 동료 심리학자들과 함께 하고 싶었다. 그래서 이 책을 소개하게 되었다. BGT를 이용하여 심리치료를 하려는 이들에게 이 책이 따뜻한 녹차같은 향기가 되었으면 좋겠다.

출판되기까지 많은 분들의 도움이 있었다. 존경하는 스승이신 신현정, 홍창희 교수님께 감사드린다. 어쩌면 "뭐 이런 책을 번역했냐."고 타박을 주실 것 같기도 하다. 하지만 내담자를 위한 나의 마음을 이해해 주시리라 믿는다. 아울러 임상심리학자로서 밑거름이 되어 주신 국승희 선생님께도 감사의 마음을 전하고 싶다. 수련 중 BGT의 역동적 해석에 대한 시도를 지지해 주신 덕에 자신감을 가지고 피검자에게 적용해 볼 수 있었다. 다시 한 번 감사드린다. 더불어 지금의 나를 있게 해준 여러 학형과 선후배 수련 선생님이 있었기에 이 일은 가능했다. 그 고마움을 전한다. 원고를 정리하는데 도움을 준 삼성 테크윈 스마트케어센터 표현정 선생, 삼성전자 김혜민 선생, 그리고 부산가톨릭의료원 메리놀병원 정신건강의학과 김애경, 김정안, 김혜지 선생에게도 고마운 마음을 전한다. 아울러 힘들 때마다 든든한 지지가 되어준 우정어린 친구들 성호, 언우, 재철, 태경, 상규, 헌철, 창배, 진태, 경수에게도 고마움을 전한다. 하마터면 출판이 어려울 수도 있었는데, 기꺼이 도와주신 박영사 안종만 사장님과 노현 부장님께 큰 빚을 졌다. 아울러 정성들여 편집을 해준 배근하 선생님께도 감사를 드린다. 마지막으로 부모님과 아내, 딸 예슬이에게 사랑을 전한다. 아빠가 번역한 책에 자기 이름이 나오는 것만으로도 환하게 웃으며 행복해 하는 딸의 모습을 오래 기억하고 싶다.

BGT의 역동적 이해로 내담자의 삶이 행복해 지기를 바라며, 오늘도 내담자와 여정을 함께 하고 있는 심리학자들에게 이 책을 바친다.

2015년 2월
역자 최성진

서   언

이 책은 다년간의 임상 경험을 통해 개발된 Bender Gestalt Test 시각운동형태검사의 투사 체계를 소개하고 있다. 개인 무의식의 내적 세계의 힘에 대해 놀라움을 느낀 우리는 2만 사례의 평가를 통해 얻은 결과를 바탕으로 이 책을 썼다. 우리의 해석 결과에 기반한 채점 체계는 연구자들의 과학적 검증을 받고 있다. 이 체계는 13장과 부록 I, II, III에 소개했다. Bender Gestalt Test의 해석 체계는 짧은 시간 안에 검사를 실시할 수 있음에도 포괄적이라는 이유로 비판을 받았다. 따라서 이 책에서는 이론적 기초에 대한 장황한 논의를 지양하고 성격평가의 기술적 측면을 다루었다.

무의식적 갈등의 기호론적 표현에 대한 평가는 심리학, 학교심리학, 정신의학, 그리고 임상사회사업 분야의 주요 업무 중 하나로 이용되어 왔다. 이 채점 체계는 종합병원과 정신병원, 개인치료실, 정신건강클리닉, 대학상담센터, 공립사립학교 평가프로그램, 직원선발 프로그램, 법적 기관, 그리고 거주치료 프로그램 등 ― 그러나 여기에만 국한되지 않는다 ― 다양한 환경에서 성격평가 기술을 향상시키고 싶어 하는 임상가를 위한 것이다.

경험 많은 임상가든 초보자이든, 아니면 관심 있는 사람이든지 간에 독자는 우리 접근이 어떤 한 이론에 제한되어 있지 않다는 것을 알게 될 것이다. 본 체계는 기본적으로 절충적이고 범 이론적 (pan-theoretical)이다. 그리고 정신역동적 사고를 통해 발전해 온 초기 이론가들의 연구와 인간 행동의 이해를 기반으로 하고 있다.

Bender Gestalt Test를 성격평가 도구로 활용하려는 시도 때문에 이 검사는 1940년대 유행했었다. 우리의 접근은 이러한 과거의 시도와는 조금 다르다. Bender Gestalt Test가 지난 50년 동안 훌륭한 검사가 되도록 애쓴 Wertheimer, Bender, Hutt, 그리고 Koppitz같은 임상가 덕분에 우리는 많은 도움을 받았다.

이미 예상했겠지만 BGT를 광범위하게 활용하기 위해서는 이 책을 읽는 것만으로는 충분하지 않다. 각 장의 말미에 있는 질문은 독자가 각 도형의 해석 기준을 잘 이해하고 있는지를 평가하기 위해 제시했다. 인간의 무의식에 대한 기호론적 의미를 알면, 정교하고 풍부한 임상 자료를 얻을 수 있을 것이다. 물론 BGT를 사용하는데 요구되는 자격은 채점 체계를 숙달했다고 해서 얻어지는 것이 아니다. 대학 및 대학원 훈련 프로그램 평가 과정을 이수하고 오랜 경험을 한 후에야 자격이 주어질 것이다.

이 책은 Raymond Bortner박사의 도움으로 빛을 볼 수 있었다. Raymond Bortner박사께 이 책을 바친다. 또한 무의식적 과정을 평가하고 해석 체계 개발을 위해 많은 피검자들이 심리평가에 참여해 주었다. 여러 선생님, 동료, 그리고 학생들의 도움이 없었더라면 우리는 여전히 어둠 속에서 헤매고 있었을 것이다. Herbert Dandes박사, Richard Greenbaum박사, Kate Adler박사, Nancy Bacher-Watson박사, Ron Shellow박사, 그리고 그 외 많은 사람이 우리의 가설을 뒷받침하는 연구를 했다. 박사 과정의 Janine Osborne, Doug Reichel, 그리고 Stephen Gill이 준 도움은 본 채점 체계의 타당성을 뒷받침하는 근거가 되었다.

마지막으로 우리의 생각을 발전시켜 이 책을 쓸 수 있도록 응원해 준 아내-Marge Reichenberg와 Millie Raphael-에게도 감사의 말을 전한다. 이 책은 그들의 도움으로 완성할 수 있었다.

차 례

그림·표 차례

1장

서 론

100여 년 전부터 심리학자를 비롯한 여러 연구자들은 인간의 성격 특질을 평가해 왔다. 금세기 초반 개인의 무의식을 평가하기 위한 도구들이 개발되었고, 이러한 노력에 힘입어 인간의 지각 평가에 대한 관심이 많아졌다.

기원전 460−377년 Hippocrates는 이미 성격평가와 성격에 대해 기술했었다. Hippocrates는 기질이 체액과 관련 있다고 하면서, 인간 정신세계의 특징을 분류하고자 했다. Charles Darwin과 Francis Galton은 19세기 중반, 인간 유전의 본질에 대한 과학적 연구를 시작했다. 지각생리학자였던 Galton은 1883년, 지각을 평가하는 방법을 개발했고 이를 위해 질문지를 사용했다. 1985년, Alfred Binet는 기억 연구를 통해 근대 성격평가의 기초를 세웠고, Wilhelm Wundt, James Cattell, Charles Spearman, Hermann Rorschach가 그 토대를 이어갔다. Emil Kraepelin은 1892년 단어연상검사를 만들었고, 로르샤하는 1921년에 로르샤하 검사를 개발했다. 20세기 초반에는 지능과 지각, 기억과 정신 과정에 대한 연구가 활발해지기 시작했다.

1차 세계대전 기간에는 비용이 적게 들고, 대규모로 단시간에 실시할 수 있는 검사가 개발되었다. 미국, 영국, 독일, 프랑스에서는 문화적으로 다양한 배경을 가진 군인들의 지능과 성격 문제를 평가해야 했다. 연구와 훈련을 위한 자금이 늘어났고, 심리평가 산업은 빠르게 발전했다.

현대 성격 연구자들은 '개인의 산물은 – 말, 글 등 – 내면의 무의식적 지각을 반영한다.'고 생각했다. 내적 과정의 표현은 정신의학과 임상심리학의 관심사가 되었다. Freud는 1912년 자신의 저서 *토템과 금기(Totem and Taboo)*에서 외적 자기를 형성하는 방법으로 투사의 개념을 소개했다.

> 외부 세계에 대한 내적 지각으로서 투사는 원시적 방어기제이다. 투사는 우리의 지각에 영향을 미쳐 외부 세계를 형성하는 데 영향을 준다. 충분히 인식되지 않은 상황에서도 관념적이고 정서적인 처리 과정에 대한 내부 지각은 투사가 되고 외부 세계를 형성하는데 사용된다(pp. 107-108).

1차 세계대전 후 L. K. Frank(1939)는 투사평가 분야에 관심이 많았다. Frank는 구조화되지 않은 상황에서도 인간은 투사를 통해 자신의 내부를 볼 수 있고, 투사검사로 자신을 평가할 수 있다고 생각했다. 아울러 S. J. Beck(1937)은 로르샤하 검사의 채점 체계를 만들었다. Beck은 검사를 통해 얻어진 정보의 수집을 강조했다. Frank와 다른 연구자들처럼 Beck도 중요한 성격 정보는 개인의 인식 밖에 있기 때문에 자기 보고 기법은 한계가 있다고 생각했다.

투사기제에 대한 탐색으로 널리 알려진 *진단적 심리검사(Diagnostic Psychological Testing)*(1945)에서 David Rapaport와 동료들은 다음과 같이 말했다.

> 투사검사에 사용되는 투사의 개념은 영사기와 스크린에 비친 영상으로 설명할 수 있다. 이러한 점에서 피검자의 심리 구조가 자신의 행위, 선

택, 산물, 창조를 통해 명확해질 때 비로소 투사가 나타난다. 그래서 전통적인 양식으로 딱딱하지 않게 자신의 심리 구조를 반영하도록 절차를 설계하면 투사가 이루어진다. 그 과정을 통해 피검자의 문제는 영사기 렌즈로서 기능을 하고, 행동을 기록한 자료는 투사된 그림이 있는 스크린 역할을 한다(p. 225).

흥미롭게도 성격을 평가하기 위해 사용된 투사기법이 본래와 다른 목적으로 개발된 경우가 있었다. 그 대표적인 예가 Bender Gestalt Test이다. 지각심리학자였던 Max Wertheimer는 1923년에 인간의 지각을 평가하기 위해 몇 가지 도형을 고안했다. 정신분석학자였던 Paul Schilder(1934)는 시각운동 지각은 기계적 행위뿐 아니라, 특정 과제에 대한 성격 특성도 반영한다고 생각했다. 그래서 Schilder는 부인이었던 Lauretta Bender와 다른 연구자에게 이 관계를 더 연구해 보도록 했다. Bender는 1938년에 출간한 자신의 저서 *시각운동검사와 그 임상적 응용(A Visual Motor Test and Its Clinical Use)*에서 Wertheimer의 본래 도형 4개와 5개의 도형을 수정하여 Bender Gestalt Test(BGT)를 만들었다. BGT는 본래 "정신지체, 조현병, 기질적 뇌손상, 실어증, 양극성장애, 중독과 같은 정신병리와 지각운동 발달의 이탈과의 관계를 살펴보기 위한 도구"로 개발되었다(Tolor & Schulberg, 1963).

2차 세계대전이 발발하고 문화적, 지리적으로 서로 다른 군인들, 그리고 문맹, 정신장애, 기질적 뇌손상으로 고통 받는 군인들을 진단하기 위해 신속한 성격검사가 필요하게 되면서 Bender의 연구는 많은 관심을 받게 되었다. BGT는 5~10분 내로 많은 군인들에게 실시할 수 있었기 때문에 인기가 있었고, 최근까지도 성격을 평가하고 신경학적 이상을 살펴보는 데 자주 사용되고 있다(Cohen과 동료들, 1983; Schulberg & Tolor, 1961; Craig, 1979; Lacks, 1984).

Lauretta Bender의 동료이자 공동 연구자였던 Max Hutt는 2차 세계대전 동안 군에서 심리검사를 실시했다. 1945년 그는 BGT 검사 실시와 해석 지침을 출판했다. 이후 25권의 책을 출간했고, 14편의 BGT 논문을 발표했다. 정신역동검사나 투사검사로 BGT를 사용하려는 사람들이라면, Hutt의 연구를 읽어 보아야 할 것이다. 성격평가로 BGT 사용을 반대한 Bender에게 불만이 있었던 Hutt와 Briskin은 1960년에 BGT의 수정판인 the Hutt Adaptation of Bender Gestalt Test(HABGT)를 개발했다. 그들은 Wertheimer의 본래 도형보다 더 신뢰롭다고 생각되는 자극 도형을 사용했다. Wertheimer, Bender, 그리고 Hutt와 Briskin의 세 도형을 비교해 보면, BGT와 HABGT 간에 큰 차이는 없다. 따라서 이 둘은 호환하여 사용할 수 있다.

1951년 G. R. Pascal과 B. J. Suttell은 BGT의 정신역동적 채점 체계를 출판했고, 이후 이 채점 체계는 널리 사용되었다. Hutt와 Briskin의 채점 체계는 1960년에 출판되었고, 4판은 Hutt가 사망하기 직전인 1985년에 출간되었다. 1964년 J. D. Hain은 채점 체계에 대한 논문을 썼지만 출판하지는 않았다. 1976년 S. J. Paulker가 한 장의 채점 매뉴얼을 출판했으나 거기에는 채점 표본에 대한 사례가 없었다. Elizabeth Koppitz(1963, 1975)가 아동(5~11세)의 프로토콜로 12개의 "정서지표"를 제시하면서 BGT의 성격 채점 체계는 빠르게 발전했다. Patricia Lacks는 1984년에 Hutt‐Briskin 방법의 개정판을 출판했지만, Lacks의 채점 체계는 정신역동적인 면보다는 기질적인 면을 강조했다. 이처럼 BGT가 성격검사에서 신경학적 선별검사로 확장된 것은 검사 자체가 가지는 융통성 때문이었다.

　미국의 연구자들과 임상가들이 건강 보호시설을 운영하면서 경제적 어려움을 겪었고, 정신건강 서비스의 외래/입원 환자 지원금이 삭감됨에 따라, 그들은 복잡하고 만성적인 문제에 대해 신속하고 비용이 적게 드는 해결책을 찾고 있었다. BGT가 2차 세계대전 이후 널리 사용된 것을 통해 알 수 있듯이 시간이 적게 들고, 문화적인 영향을 덜 받고, 비언어적으로 성격을 알 수 있고, 신경학적 정보를 제공해 주기 때문에 집단검사로는 이상적이었다. 미국의 임상가들과 연구자들에게 로르샤하, 주제통각검사, 그림검사와 더불어 BGT는 여전히 인기 있는 검사이다(Piotrowski, 1985). 국립정신병원의 114개 심리학과 일람에서 Paul L. Graig(1979)는 BGT가 가장 빈번하게 사용되는 검사이고, 1400명의 심리학자들이 신경심리평가로 사용하고 있으며, 병원에서 74%가 BGT를 실시하고 있다고 보고했다. Barry Ritzler와 Barbara Alter(1986)가 10년간의 연구를 통해 살펴본 결과, APA가 승인한 대학원 임상심리학 프로그램 중 88%가 심리평가 교육과정에서 로르샤하를 강조하고 있었다. 이를 1974년의 결과인 86%와 비교해 보아도 10년 동안 심리학자들이 투사평가 훈련을 많이 받았다는 것을 알 수 있다.

　투사검사는 임상에서 널리 사용되었지만, 비용이 적게 드는 자기 보고형 검사와 경쟁해야만 했다. 투사검사에 대한 상반된 태도는 다음의 논란을 가져왔다. 첫째, 심리평가에 관심이 많았던 성격 이론가들은 강력한 문화적 지지에도 불구하고, 자기보고형 검사의 일반적인 무용론을 무시하고 설문지를 고집했고, 피검자가 말하는 내용에 의존했다. 자기 보고형 검사는 부정확했고, 만족스럽지도 않았다(McClelland, 1981). 아울러 컴퓨터를 이용하여 검사 프로파일을 작성하는 방법도 발전해왔다. 최근의 심리 교수법은 자기 보고형 성격평가에 대해 상반된 태도를 보이고 있다.

자기보고형 성격검사는 장단점이 있다. 피검자가 판단력과 통찰력이 있다면, 검사 질문에 대해 정확하게 답할 수 있을 것이다. 그러나 피검자가 판단력이나 통찰력이 부족할 수도 있다. 판단력이나 통찰력 문제가 아니더라도, 피검자는 자신의 부정적인 면을 드러내지 않는 경향이 있다. *따라서 자기 보고에 의존하지 않는 다른 성격검사가 필요하다* (Cohen과 동료들, 1988, pp. 34-35).

둘째, 통계적 결과가 중요하지만, 임상가는 주관적으로 분석된 자료를 통해 무의식적으로 구성된 성격 특질과 기능에 대한 통찰을 가질 수 있다. 예를 들어, 어떤 집단의 82%가 자해 가능성이 있다는 것을 아는 것은 실제 자해 가능성을 이야기할 때는 별 의미가 없을 수 있다. Chris Piotrowski, Dave Sherry, John Keller(1985)는 객관적인 검사에만 의존했을 때 생길 수 있는 문제에 대해 다음과 같이 기술하고 있다.

투사검사를 잘못 사용하는 이유 중 하나는 면담에 대한 기본 훈련을 제대로 받지 못했기 때문이다. 검사를 잘 모르는 사람이나 임상 경험이 풍부하지 못한 사람이 이런 과정을 가르치는 경우가 많다. 이들은 검사의 풍부한 정보를 끌어내지 못하고, 숨겨진 정보를 분석하지도 못한다. 그리고 이 분야를 잘 가르치지도 지도하지도 못한다. 결국 포괄적이고 강도 높은 훈련과 경험이 없기 때문에 검사를 부적절하고, 피상적으로 사용하게 되고, 투사검사의 타당성은 과소평가된다(pp. 115-119).

셋째, 투사검사를 덜 사용하는 이유는 잘못된 연구 방법론과 부적절한 타당화 절차를 사용한 연구 때문으로 생각된다. 일반적으로 투사검사의 가치를 평가할 때는 개념적 타당화보다는 경험적 타당화 절차를 사용하는 경우가 많다. 주목할 것은 로르샤하 검사에 대한 것이다. Samuel Haramis와 Edwin Wagner(1980)와 A. R. Jensen(1965)

은 로르샤하에 대한 경험적 연구에서 어떤 반응이 더 자주 나타나는지를 평가하기 위해 로르샤하와 치료 표본을 교차 비교했다. 그리고 Zygmunt Piotrowski(1965), Irving Weiner(1977), Richard Dana(1978), L. Atkinson과 동료들(1986)은 경험적 연구와 비교하여 개념 연구에서 문제 평가가 감별 진단과 연관이 있는 이유를 설명했다.

Atkinson과 동료들은 1930년부터 1980년까지 매 15년마다 심리학 초록(psychological abstracts)에서 얻은 46개 로르샤하 타당화 연구를 살펴보았다. 그들은 로르샤하 자체보다는 부적절한 연구 방법 때문에 로르샤하가 비판받았다는 결과를 얻었다. 아울러 "앞으로는 더 개념화된 방향으로 연구가 진행될 것이다(Atkinson과 동료들, 1986, p. 362)."라고 했다.

전술한 연구가 로르샤하에 초점을 두고 있기는 하지만, 이 결과를 BGT와 다른 투사검사에도 일반화시킬 수 있다. 과거의 비판적인 연구에도 불구하고, Chris Piotrowski, Dave Sherry와 John Keller(1985)가 성격평가학회원을 대상으로 한 연구에서 로르샤하는 가장 많이 사용되는 투사검사로 조사되었다.

우리의 견해를 여러분들도 동의하리라 믿는다. 만약 투사검사를 주의 깊게 사용하고 충분히 훈련을 받는다면, 임상가와 연구자는 정확하게 진단하는 데 투사검사를 사용할 수 있을 것이다. 만약 투사검사를 사용하지 않는다면, 치료 연구에서 그러한 진단적 인상을 얻는데 많은 시간이 걸릴 것이다. 아울러 하나의 검사만으로는 개인 내부의 복잡한 역동을 정확히 평가하기가 어려울 것이다. 이것은 예외가 없을 것 같다.

검사배터리 초반에 BGT를 사용하면 통합적으로 선별을 할 수 있고, 여러 심리검사를 통해 가설을 확증하거나 배제할 수 있다. 아울러 기압계처럼 BGT 도형에 대한 반응을 통해 혼란이나 어려움이 있는 영역을 예측할 수 있다. 그리고 반응이 이해되면 진단의 정확성을 높일 수 있다. 임상가는 주로 한 가지 검사에 의존하는 경우가 많아 여러 성격검사를 사용하기보다는 주로 로르샤하나 MMPI를 이용한다. 그 이유는 편의성, 훈련부족, 비용문제 때문이다. 면담의 타당화 연구에서 보듯, 면담은 투사검사만큼 정확하지 않다(Tenopyr, 1981; Ulrich & Trumbo, 1965). 어떤 상황에서든 심리검사배터리 사용의 중요성은 아무리 강조해도 지나치지 않다.

이 책의 목적은 BGT나 HABGT를 역동적 성격평가 도구로 확장하는 새로운 수단을 제공하는 것이다.

Bender(1938), Koppitz(1963; 1975), Lacks(1984), Hutt(1969)의 연구는 우리 접근의 기초가 되었고, BGT의 반응 해석을 의미 있게 해 주었다. 이러한 방식으로 해석할 때 BGT는 성격평가와 심리치료에 필수적인 정보를 신속하게 제공할 수 있다. 최근 들어 단기치료에 대한 강조와 함께 보다 쉽게 피검자의 역동을 이해해야 하는 압력 속에서 우리의 접근은 긍정적인 결과를 많이 내어 놓을 것으로 예상된다. 만약 당신이 피검자(아동이나 성인)의 무의식적 갈등을 이해할 수 있다면, 의식적 내용을 강조하는 사이비 증상 때문에 판단을 그르치는 일은 줄어들 것이다. BGT의 이전 채점 체계가 투사적 성격검사로서의 잠재성이 떨어지기 때문에, 본 체계는 인간 정신을 평가하는 능력을 향상시킬 것으로 생각된다. 우리의 체계는 30년 이상의 임상경험을 통해 발전해왔고, 다양한 인종/문화를 대표하는 6~92세의 2만여 명의 피검자에게서 얻은 결과이다.

이후 장에서 제시되는 대로 BGT와 HABGT를 해석하고 채점할 수 있다면, 심리평가의 기초 도구로서 이 검사는 당신에게 많은 도움을 줄 것이다.

2장

실시 방법

　표준적이고 전통적인 심리검사 배터리의 일반적인 접근은 개인의 과거력을 얻고, 접수양식을 작성하면서 시작된다. BGT나 HABGT의 실시 방법에 일부 다른 점이 있지만, Bender가 제시한 방법과 큰 차이는 없다. 차이점은 아래에 제시했다.

　용지 몇 장을 피검자 앞에 세로로 놓는다. 그리고 지우개가 달린 연필 몇 자루를 준다. Bender나 Hutt 카드 9장을 피검자를 향하도록 용지 위쪽에 놓는다. 9장의 카드를 A번 카드부터 차례로 겉면을 위로 향하게 제시한다. 다음과 같이 지시한다. "앞에 있는 용지에 당신이 본 것을 그려 주세요. 용지는 충분합니다. 하지만 한 장에 도형을 하나만 그리지는 마세요." 그리고 한 장에 하나 이상의 도형을 그려야 하는 이유를 설명한다.

　펜을 사용하지는 않는데, 그 이유는 선의 왜곡이 잘 드러나지 않고 지우개를 사용할 수 없기 때문이다. 연필은 선의 굵기와 필압 확인이 가능하다는 점에서 펜보다 좋다. 그래서 BGT 뿐 아니라 써서 하는 투사검사(예, House-Tree-Person검사나 문장완성검사)와 접수양식도 연필을 사용하는 것이 좋다. 검사자에 따라 접수양식이 다르지만, 이는 임상적으로 중요한 정보를 제공하는 도구가 된다. 속도와 순서는 다른 심리검사뿐 아니라 9장의 카드를 다루는 데도 중요하다. 검사 자극에 얼마나 빨리/느리게 반응하느냐는 성격 특징을 이해하는 데 중요하다. 상호 관련성의 관점에서 볼 때, 여러 그림 가운데 선의 차이도 해석에 사용된다.

도형을 그리고 난 다음 끝낸 카드를 넘겨서 다음 도형을 그리기 전에 카드를 어떻게 하는지를 확인해야 한다. 다 그린 카드를 어떻게 다루는가는 진단가가 있기 때문에 관심있게 보아야 한다. 이에 대한 사례는 8세 여아가 3번 카드(남성 공격성 카드)를 다루는 데서 살펴 볼 수 있다. 이 여아는 신체적/법적으로 성학대의 과거력이 있었다. 아이는 도형을 완성할 때마다 카드를 책상 왼편에 두었다. 하지만 3번 카드를 그린 후에는 카드를 책상 서랍 안에 넣었다. 아이가 마지막 카드를 그린 후, 검사자가 8개의 카드를 보여주며 빠진 카드를 어떻게 했는지를 물었다. 아이는 "몰라요."라고 했고, 책상 주위와 아래를 내려 보았다. 그리고는 서랍을 열어 안에 있는 카드를 "보지 않고는" 닫아 버렸다. 이 행동은 초기의 성적 외상에서 기인한 해리를 시사하는 반응이다.

용지는 회전시켜도 되지만, BGT 카드는 회전시키지 않도록 한다. 하지만 많은 피검자들이 카드를 돌려보고 싶어 하는데 이는 부정 왜곡하려는 성격 특질을 반영한다. 따라서 일관성을 유지하기 위해 카드는 돌려보지 않도록 한다.

우리는 BGT를 경직되게 형식화하지 말아야 한다는 Bender의 의견에 동의한다. 하지만 카드를 회전하지 못하게 하는 것은 도형 간의 관계를 해석하는 데 중요하다. 카드를 회전하지 않으면 이 관계를 보다 분명하게 볼 수 있다.

다른 투사평가처럼 "충고"나 "지시"는 하지 않는다. 특히 피검자가 의존적이거나 도움을 청할 때는 더욱 주의해야 한다. 질문에 대한 반응은 가능한 개방적이고 간결해야 한다. 도형을 그리는 방법에 대해서는 설명해 주지 않는다. 검사 불안이 많은 피검자에게는 난이도에 따라 도형 모양이 달라진다는 정도로 설명해주면 된다.

BGT는 간단하고 위협적이지 않기 때문에 이를 "첫 검사"로 사용하면 검사 불안을 줄일 수 있고, 불안을 유발하는 다른 투사평가의 반응을 얻는 데도 도움이 된다. 경험에 따르면, 그림검사로 시작하는 것이 BGT로 시작하는 것보다 더 많은 불안을 일으킨다. BGT는 피검자를 편안하게 하고 라포 형성에 도움을 준다.

시각운동검사와 그 임상적 응용(1938)에서 Bender가 제시한 실시 방법과 *The Hutt Adaptation of BGT*(1960)에서 Hutt가 제시한 방법은 비슷하다.

검사자는 피검자의 행동을 관찰해야 한다. 왜냐하면 검사자가 관찰하지 않으면(가령, 거부증에서) 중요한 정보를 잃어버릴 수 있기 때문이다. 예를 들어, 피검자가 6번 카드를 왼쪽에서 오른쪽으로 그리는 전형적인 방식이 아니라 오른쪽에서 왼쪽으로 그리면 그것은 임상적으로 의의가 있다.

손잡이 때문에 생기는 편차 가능성이 과거에는 고려되었다. 하지만 손잡이를 고려해도 도형을 그리는 데는 차이가 없다. 왼손잡이나 오른손잡이 모두 일반적으로 왼쪽에서 오른쪽으로 도형을 그린다. 하지만 문화적 차이의 가능성을 고려해야 한다. 예를 들어, 셈인족(Semitic) 사람들은 화와 불만을 표현할 때 도형을 오른쪽에서 왼쪽으로 그린다. 일례로 한 테러리스트 암살범은 자신이 저지른 문제 행동에 대한 이유로 셈인족의 전통을 들었다.

BGT에 관한 피검자의 의견이나 질문도 투사의 재료로 사용된다. 피검자에게 모든 것을 포괄해서 지시하기란 쉽지 않다. 따라서 검사자는 질문이 의미하는 바가 무엇인지를 잘 알아야 한다. 검사 불안을 줄이는 것은 검사자의 책임이다. 대학원생과 초보 전문가가 BGT나 다른 투사검사를 실시할 때는 최소한의 지시로 최대한 전달되도록 한다. 가령, Pascal과 Suttell(1951)은 9개의 카드가 있다고 알려주었지만, 다른 연구자들은 카드의 수를 제시하지 않았다. 일반적으로 카드 수는 알려주지 않지만, 한 장에 하나의 도형만을 그려서는 안 된다는 것은 강조한다.

피검자가 자주 하는 질문 중 하나는 "점을 세어도 되느냐."이다 (1, 2, 3, 5번 카드). 검사자는 카드에 대해 최소한으로 지시하는 것이 좋다. 그리고 점의 개수도 해석을 하는 데 사용한다. 우리는 이런 질문을 하는 피검자에게 "보이는 대로 그리세요."라고 간단하게 답한다. 만약 점을 세지 않으면, 결과에 따라 그린 도형을 다르게 해석할 수 있다(예를 들어, 검사 불안, 비판적이지 않은 행동, 그리고 심한 충동성).

BGT를 실시할 때 시간제한은 없지만, 이례적으로 느리거나 빠르게 그리는 것은 진단적으로 의미가 있다. 검사 시간에 관해 전문가들 사이에 이견이 있지만 경험에 따르면, 시간을 제한하기 보다는 어느 정도 시간이 걸리는지를 해석하는 것이 의미가 있다. 가령, 빠르게 그리고 거기에 따른 자기비판이 부족한 그림은 역동적으로 해석할 수 있다. 강박적이거나 불안한 피검자는 도형을 완벽하게 그리려 하는데, 이것 역시 역동적인 면에서 가치 있는 정보를 준다. 피검자가 저항하기 때문이 아니라 잘 하려고 하기 때문에 시간이 걸리는 경우라면 시간을 제한하지 않아도 좋다.

우리의 해석 체계는 Bender가 제시한 것처럼 처음 도형을 왼쪽 상단에 그리도록 강요하지 않는다. 그러나 첫 번째 도형을 용지 중앙에 크게 그리면 "제 실수군요. 한 장에 하나의 도형만 그리지는 마세요. 한 장에 하나 이상의 도형을 그려 주세요."라고 한다. 만약 피검자가 "용지가 몇 장 있습니까?"라고 물으면, "한 장에 도형 하나만 그리는 게 아니라면 용지는 원하는 대로 사용할 수 있습니다."라고 한다. 용지는 충분하지만 한 장에 하나의 도형만을 그리리지 말라고 하면서 피검자에게 용지를 자유롭게 사용하도록 한다.

Bender의 지침서(1938)에 따르면, 지우개는 "사용할 수 있지만 권하지는 않는다." 우리 체계는 지우개를 언제 어디서 사용하느냐가 중요하기 때문에 권하지는 않더라도 지우개 사용을 금지하지는 않는다. 일반적으로 지우개 사용은 자기비판이나 불안을 반영한다.

환경 요인도 중요하다. 도형을 그릴 때는 조용하고, 조명 상태가 양호하고, 자극이 없는 상태면 좋지만, 상황에 따라 그렇지 않을 수도 있다. 가령, 피검자가 학교나 병원, 사무실이나 교도소에 있을 수 있다. 임상가가 완벽한 검사 상황에 있을 수 없다는 것을 고려한다면 투사평가는 어디서든 가능하다. 해석의 타당성은 환경 요인에만 있지 않다. 임상가는 투사평가를 할 때 자신의 경험에 따라 환경 요인의 왜곡을 다룰 수 있어야 한다. 임상가는 좋지 않은 환경에서도 일할 수 있으므로 그렇게 할 수 있어야 한다.

BGT가 투사검사 중 하나라는 사실을 명심해야 한다. BGT의 전체 프로토콜을 다룰 때 개인의 역동을 고려한다면, BGT는 피검자를 이해하는 유용한 도구가 될 것이다.

3장

A번 카드

우리는 A번 카드를 부모 카드라고 부른다. 물론 이것은 생물학적 부모에 제한되어 있지 않다. 오히려 이 도형은 사회적 성과 관련된 심리적 부모를 나타낸다. 실제로 조부모나 부모 역할을 하는 다른 형제가 심리적 부모가 될 수 있다. 예를 들어, 생물학적 부모나 어느 한 쪽 부모가 없을 때는 조부모나 나이 많은 형제가 아이를 양육하기도 한다. 도형에서 여성/어머니를 상징하는 부분은 원 모양이고, 남성/아버지를 상징하는 부분은 마름모이다. 만약 한 도형을 다른 도형보다 위에 그리면, 차이가 작더라도 위쪽 도형을 우세한 부모상으로 본다. 마름모가 원 내부로 관입하면, 공격적인 아버지상으로 해석할 수 있다. 반대로 원이 마름모에 겹쳐 있으면 공격적인 어머니상을 시사한다. 검사자는 행동을 관찰함으로써 도형이 교차하거나 겹치는 것을 확인할 수 있다. 두 도형이 떨어져 있다면, 분리되어 있거나 서로 관여가 적은 부모상으로 해석 가능하다. 흔히 이혼했거나 별거한 부모의 아동이 이런 도형을 많이 그린다.

2장에서 언급했던 대로 용지 중앙에 A번 도형을 그리면, 한 장에 하나 이상의 도형을 그리도록 한다. A번 도형 아래에 다른 도형을 그리면, 역동적 측면에서는 부모상의 중요성이 커진다. 하지만, 다음 도형을 A번 도형의 위나 옆에 그리면, 부모상과 관련하여 아동의 혼란이 시사된다. 검사배터리에 사용된 다른 투사검사에서도 이런 혼란을 확인할 수 있다. 물론, 나이가 많은 피검자일수록 심한 정신병리가 있을 가능성이 높다.

원의 끝선이 만나지 않는 것은 어머니상의 불충분한 양육을 반영한다. 그리고 끝선이 닿지 않은 마름모는 아버지상의 불충분한 양육을 의미한다.

만약 용지 중앙에 A번 도형을 크게 그리면, "제가 충분히 설명하지 못했네요. 다시 그려 보세요. 한 장에 도형 하나만을 그리지는 마세요."라고 하고, 다시 그리게 하는 것이 역동 평가에 도움이 된다. 피검자가 용지 상단에 도형 9개를 모두 그리면, 이것은 비판에 대한 분노로 이해할 수 있다. 보다 정확하게는 피검자가 전형적인 것보다 더 많이 충동을 통제하려고 인위적으로 애쓰는 것으로 해석할 수 있다. 이는 법적 평가에서 자주 발생한다. 법적 평가에서는 피검자가 자신을 긍정적으로 보이기 위해 충동성과 행동화를 감추려는 경향이 있다. 충동 통제에 문제가 있는 불완전한 자아를 가진 피검자(예, 행동화하는 정신병질자와 사회병질자)가 이런 압박을 자주 느낀다.

도형 그리기의 어떤 측면이 성격 구조에 관해 어떤 정보를 주는지를 알아야 한다. 예를 들어, 선의 질이 좋은지/나쁜지, 선이 일정한지/변화가 많은지 등은 한쪽 또는 양쪽 부모에 대한 피검자의 감정과 태도에 관한 정보를 준다. 앞서 언급한 대로 이 부모는 생물학적 부모가 아닌 심리적 부모이다.

다음 사례는 저자의 임상 연구에서 나왔고, 전문가 의뢰와 다른 성격평가를 통해 타당화 되었다. 사례에서 논의한 그림은 각 장의 끝에 있다. 도형은 8½×11의 용지에 그렸다. 다른 언급이 없으면 도형을 전체 크기로 복사했고, 각 그림에 피검자의 성별과 나이를 기록했다.

A번 도형의 왜곡에 대한 첫 번째 사례는 13세 5개월 소녀의 것이다(그림 3.1). 두 도형 중 마름모가 우세하고, 마름모가 원 속으로 관입되어 있으며, 원이 불완전하다. 앞서 언급했던 대로 끝선이 교차되어 있는 것은 양육 박탈에 기인한 분노감을 시사한다. 공격적인 아버지가 있을 가능성이 있고, 다른 투사검사나 면담자료를 통해 그 가능성을 확인할 필요가 있다. 원에 관입되어 마름모를 완성하지 못한 것은 아버지상이 공격적임을 나타내는 지표다. 그리고 아버지상 도형 아래선이 정확하게 교차하지 않은 것은 남성의 부모상이 공격적이고 비양육적임을 시사한다.

이 소녀는 학대를 당했다. 그리고 아버지상과 관련된 혼란이 면담에서 얻은 개인력과 다른 투사검사를 통해 확인되었다.

두 번째 사례는 양육권 문제가 있던 38세 여성의 것이다(그림 3.2). A번 카드의 부모상 도형은 원이 마름모보다 크고 우세하다는 점에서 어머니상과의 과잉 동일시를 보여준다. 프로토콜의 다른 반응과 임상기록도 이 결과와 일치했다. 예를 들어, 그녀는 문장완성검사에서 "어머니는 나를 무시할 수 없다."라고 썼다. 일정하지 않은 선은 어머니상과의 애착과 관련된 양가감정을 반영한다. 좁은 마름모는 아버지상이 비양육적이라는 것을 의미한다. 아울러 위쪽 모서리가 열려 있는 불완전한 마름모는 공격적인 아버지상으로 해석할 수 있다. "여성적"으로 되려는 욕구는 다른 투사검사처럼 그녀를 남성 지배에 취약하게 했고 그 결과, 그녀를 우울하게 했다. 이는 자신에 대한 불만 때문에 약물을 남용하고 통제에 어려움이 있다는 것을 반영한다.

세 번째 사례는 14세 7개월 소년이 그린 것이다(그림 3.3). 원의 끝선이 만나지 않은 것은 양육 결핍의 어머니상을 반영한다. 그리

17

고 원 속으로 마름모가 들어가 있는 것은 공격적이고 학대적인 아버지상을 시사한다. 평가 당시 소년은 퇴행되어 있었고, 아동상담사가 정밀 검사를 의뢰했다. 마름모 선이 진하고, 십자형으로 모서리가 교차된 것은 아버지가 여성에게 공격적이었음을 의미한다. 이것은 소년의 자기 개념을 손상시켰고, 공격적이고 학대적인 아버지와 자신을 동일시하게 했다. 위 해석은 다른 성격검사와 정신의학자와의 면담을 통해 확인되었다.

A번 도형의 네 번째 사례는 14세 소년의 것으로 그는 부모상을 분리해서 그렸다. 이것은 부모상, 이 사례에서는 아버지의 상실과 부재를 반영한다(그림 3.4). 부모상 간에 정서적 상호작용이 부족하다는 점에서 왜곡은 도형이 닿지 않을 때 나타난다. 도형의 분리는 부모와 친밀감이 부족하고, 효과적으로 의사소통하지 못했다는 것을 시사한다. 게다가 부모의 별거때문에 소년은 부모 사이를 오갔고, 부모를 경쟁하게 했다. 소년은 행동에 문제가 있었고 부모는 결국 이혼을 했다. 아버지는 2년 동안 소년을 보지 않았다.

그림 3.1 13세 5개월 소녀가 그린 A번 카드

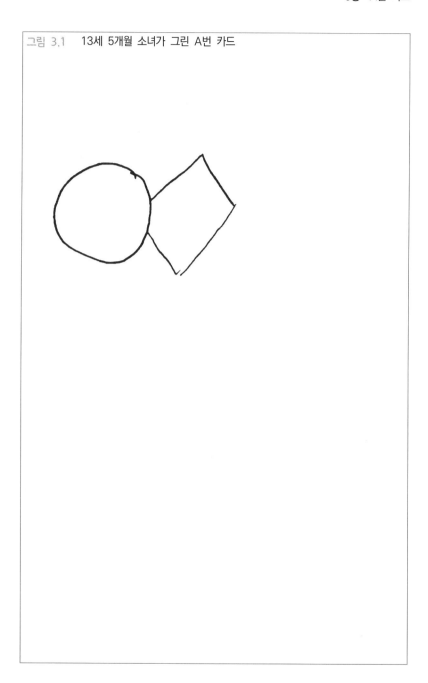

그림 3.2   38세 여성이 그린 A번 카드

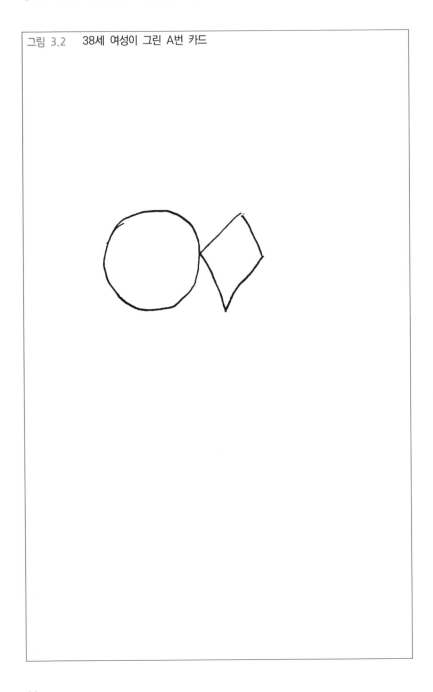

그림 3.3   14세 7개월 소년이 그린 A번 카드

그림 3.4   14세 소년이 그린 A번 카드

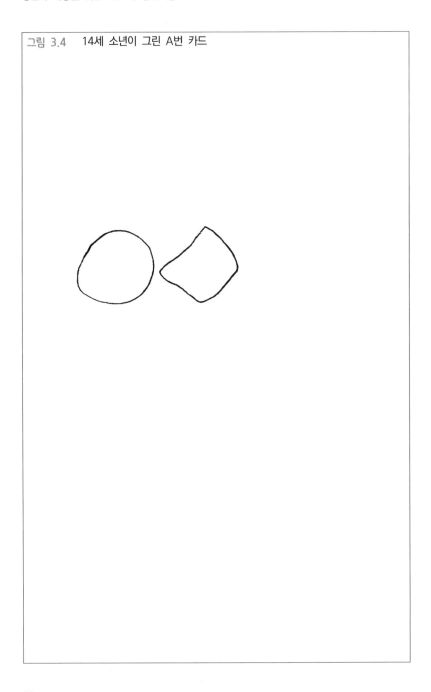

질 문

1. A번 카드는 다음 중 어느 것을 나타내는가?

   a. 생물학적 부모상

   b. 심리적 부모상

   c. 부모 역할을 해 온 형제나 조부모

   d. 위 모두가 해당된다.

2. A번 도형의 선의 질은 무엇을 반영하는가?

   a. 기질적 문제

   b. 정신증

   c. 피검자의 정서

   d. 부모의 비일관성

3. 만약 A번 도형이 서로 접하지 않으면?

   a. 피검자는 조현병이다.

   b. 피검자에게 기질적 문제가 있다.

   c. 피검자가 성정체감에 문제가 있다.

   d. 피검자의 부모가 서로 무관심하다.

4. 만약 원을 마름모보다 위에 그리면?

   a. 피검자가 조울증이다.

   b. 피검자가 다중인격이다.

   c. 피검자의 아버지는 심리적 아버지가 아니다.

   d. a-c 모두 해당된다.

|번 카드

1번 카드는 피검자의 충동 통제 능력을 반영한다. 왼쪽에서 오른쪽으로 그린 점은 인생선을 의미한다. 이 도형을 그릴 때 생기는 이탈은 유아기부터 현재까지 충동 통제의 결함을 나타낸다. 만약 피검자가 본래 도형의 점의 수보다 적게 그리면 충동 통제가 약한 것으로 본다. 만약 점의 수가 많다면 통제에 몰두하고 있는 것으로 생각된다. 용지의 한쪽 끝에서 다른 끝까지 점이 확장되어 있으면 몰두가 정신병 수준에 도달한 것으로 본다.

선의 기울기도 중요하다. 만약 기울기가 아래로 내려가면(왼쪽에서 오른쪽으로), 다른 심리검사에서도 우울증이 시사된다. 반대로 선의 기울기가 오른쪽으로 갈수록 위를 향하면, 각이 상승한 만큼 행동 표출 가능성은 증가한다. 상승 정도가 클수록 충동 통제가 어려우며, 행동 표출 가능성은 높다. 선의 상승과 하강에 큰 변화가 있다면(예를 들어 파선처럼), 충동을 다루는 능력이 불안정하다는 것을 의미한다.

점에서 동그라미로의 퇴행은 자주 일어나는 왜곡인데 역시 중요한 요인이다. 이것은 정서기능의 퇴행, 미성숙을 반영한다. 그리고 카드가 상징적으로 나타내는 영역의 기능이 손상되었을 가능성이 있다. 아울러 1번 도형에서 점을 사선으로 그리면, 공격적이고 적대적인 행동 표출 가능성을 시사한다.

이 도형에서 왜곡의 위치는 통제 상실의 지표를 나타낸다. 점선의 왼쪽 끝에서 점을 동그라미로 그리면, 피검자는 좌절에 대한 내성이 낮고, 충동 통제 능력(가령, 규칙 준수)이 부족함을 반영한다. 이를 다루는 방식은 충동 통제를 평가하는 로르샤하 검사 같은 다른 성격평가 도구와 관련 있을 때 중요하다.

용지 한쪽에서 반대편 끝까지 점을 그리면, 충동성에 대한 환경적 제한이 필요한 사람으로 해석할 수 있다. 그들은 규칙을 어기고, 불법을 저지르고 현실감이 부족하거나 정직하지 못한 경향이 있다. 점 구조의 변화도 중요한데, 특히 자기나 타인에 대한 행동 표출 위험이 다른 성격평가 결과와 상관이 있을 때 의미가 있다. 점선이(왼쪽에서 오른쪽으로) 실제 도형과 다른 정도가 앞쪽에서 일어나면, 만성적이고 행동 표출 장해가 심한 것으로 생각된다. 이것은 초자아 손상의 심각도를 반영한다. 종종 이런 피검자는 기만적이고 반항적이며 자기 인식이나 통찰이 부족하다.

점을 쌍으로 그리면, 강박적 압력과 편집증적 특징이 시사된다. 쌍의 분리가 클수록 편집증적 압력은 크다. 이런 피검자는 불신이 많고 타인의 평가에 민감하며, 협력을 잘 못한다.

점 사이에 간격이 넓을 때는 특이한 충동 통제 가능성이 있다. 특히 음영이 진하다가 연해지거나 연하다가 진해지면 그 가능성은 더욱 커진다. 점에서 끊어진 동그라미로의 퇴행은 과도한 의존 욕구와 분노가 있음을 시사한다. 일부 도형에서만 점을 동그라미로 그리고, 다른 곳에서는 그렇지 않다면 퇴행이 어느 도형에서 일어나는지를 살펴보아야 한다. 만약 특정 도형에서 점 대신 동그라미를 그리면, 퇴행은 특정 도형의 역동에 제한된다. 즉, 피검자가 1번 카드에서 점을 동그라미로 그리면, 충동을 효과적으로 통제하는 능력이 저하되어 있고 퇴행되어 있음을 시사한다. 임상가는 동그라미－점의 퇴행이 점이 있는 다른 카드, 즉 3번이나 5번 카드에서도 일어나는지를 살펴보아야 한다. 점이 있는 도형이나 다른 도형을 동그라미로 그리면, 퇴행의 강도가 높고 정신병적일 가능성이 있다.

만약 점을 동그라미로 그리는 퇴행이 점을 포함한 도형에서만 나타나면, 어떤 도형에서 퇴행을 보이는가가 해석에 중요하다. 다음 사례는 전술한 해석을 이해하는 데 도움이 될 것이다.

첫 번째 사례는 중산층 가정의 11세 소년이 그린 것이다(그림 4.1). 이 소년은 그림을 완성시키지 않았고, 점 사이에 간격이 있었는데, 이는 소년이 환경의 통제에서 벗어나 있고, 심리치료가 필요하다는 것을 보여준다. 그림을 완성시키지 않은 것은 점이 오른쪽에서 동그라미로 퇴행된 것과도 관련있다. 이것은 부모의 이혼에 대한 반응으로 분노가 계속되고 충동성이 커져 방어할 수 없음을 시사한다. 위 사례는 임상 관찰과 다른 심리평가 결과에서도 확인할 수 있었고, 이후 소년은 심리치료를 받았다.

두 번째 예는 16세 10개월 된 소녀로 우울과 불안정한 행동 때문에 소아청소년 정신건강의학과에 입원한 사례이다(그림 4.2). 선이 아래로 기울어진 것은 우울에 대한 외현적/내현적 지표이다. 더욱이 소녀는 꼼꼼하게 1번 도형을 세면서 그렸다. 점의 수를 세는 것은 실제보다 통제를 많이 하고 있음을 반영한다. 또한 1번 도형에서 선의 중앙부의 점이 진해지고 끝으로 갈수록 옅어졌는데, 앞서 언급했듯이 점을 다루는 것은 충동 통제와 관련있다. 이 소녀는 충동을 다룰 때 자기 손상적인 경향을 보였다. 예를 들면, 자해 시도가 있었는데 겉으로는 조종하는 것처럼 보였지만, 실제로는 기저에 우울이 있었다.

세 번째 사례는 48세 남성이 1번 카드를 보고 그린 것이다(그림 4.3). 용지의 한 쪽 끝에서 다른 쪽 끝까지 점을 그린 것은 관념화된 동요와 몰두를 반영한다. 이런 몰두와 동요는 피검자의 기능을 방해했다. 그는 계속되는 혼란 때문에 관념화에 어려움을 겪었다. 그림에서 시사되듯 통제력은 가변적이었다. 처음에는 점을 제대로 그렸지만, 점차 점이 퇴행되었고 간격은 멀어졌다. 이 그림에 대한 해석에서 중요한 점은 혼란스러운 사람이 통제감을 가질 수 있는 가이다. 퇴행되어 있고, 효과적으로 기능하지 못하는 점은 다른 평가와 임상 관찰에서도 확인되었다. 이 남자는 HTP 검사에서 헐벗고 열매가 없는 나무를 그렸다. 선이 중앙에서 아래로 기울어진 것과 HTP 검사 결과를 통해, 그가 우울 때문에 도움을 요청하고 있음을 알 수 있었다. 그는 코카인을 남용했고, 아내는 그가 평가를 받기 전에 이혼 수속을 준비하고 있었다.

네 번째 사례(그림 4.4)는 14세 7개월 소년의 그림으로 3장(A번 카드)에서도 언급했다(그림 3.3). 이번 장에서는 소년이 1번 카드를 다루는 방식을 논의했고, 5장(2번 카드)에서는 1번과 2번 카드의 상호작용을 다루었다. 1번 도형에서는 점 대신 동그라미를 그린 퇴행이 나타났다. 소년은 충동을 효율적으로 통제하는 능력이 저하된 것으로 생각된다. 더욱이 1번 도형에서 점을 그리는데 의미 있는 변화가 있었다. 앞서 언급한 것처럼, 검사자는 1번 카드를 통해 의존, 과장, 분노에 대한 해석을 할 수 있다. 소년은 효율적으로 기능하지 못했고, 이전의 문제를 행동으로 나타내어 부모가 이를 알고 도움을 요청했다. 2번 도형과 1번 도형의 충돌은 정서 곤란과 충동 통제 유지의 어려움을 시사한다. 소년의 정서에 대한 부가 설명은 5장에 제시했다.

그림 4.1 11세 소년이 그린 1번 카드

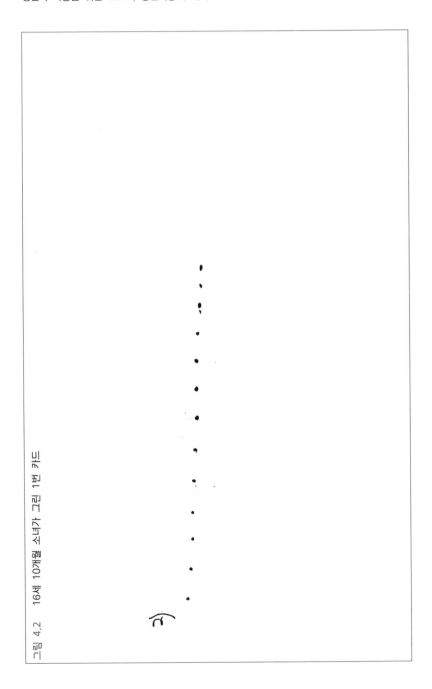

그림 4.2 16세 10개월 소녀가 그린 그림 1번 카드

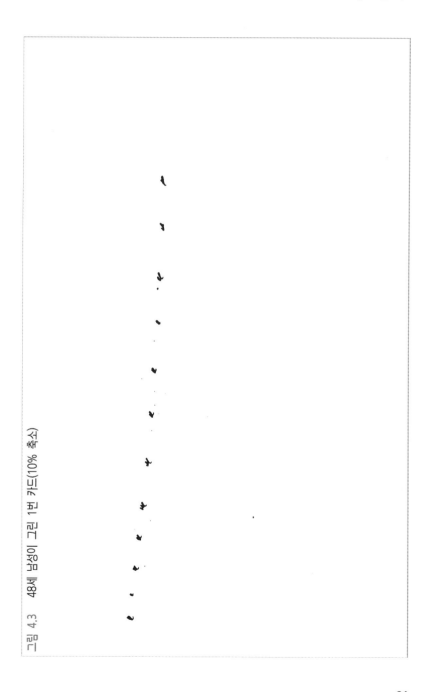

그림 4.3 48세 남성이 그린 1번 카드(10% 축소)

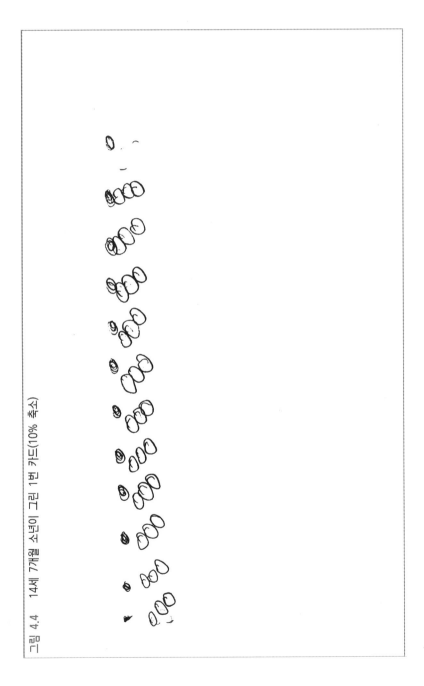

그림 4.4 14세 7개월 소년이 그린 1번 카드(10% 축소)

질 문

1. 12개 점보다 더 많이 그리면?

    a. 피검자가 우울하다.

    b. 피검자에게 기질적 문제가 있다.

    c. 피검자가 충동을 통제하는 능력이 부족하다.

    d. 피검자의 통제에 대한 집착이 기능을 손상시키고 있다.

2. 점을 쌍으로 그리면?

    a. 피검자가 근시이다.

    b. 피검자가 충동성이 있다.

    c. 피검자가 편집증 경향이 있다.

    d. 위 어느 것도 해당되지 않는다.

3. 점 사이에 불규칙한 간격이 있다면?

    a. 피검자가 주지화의 방어기제를 사용한다.

    b. 피검자가 기질적으로 문제가 있다.

    c. 피검자가 우울하다.

    d. 위 어느 것도 해당되지 않는다.

4. 점을 이어지지 않은 동그라미로 그리면?

    a. 분노와 의존성이 있다.

    b. 조현병이 있다.

    c. 피검자가 환경적 제한을 필요로 한다.

    d. 위 어느 것도 해당되지 않는다.

5장

2번 카드

2번 카드는 의식적인 감정, 불만족, 불쾌감을 반영한다. 내려가거나 올라가는 선은 1번 카드처럼 해석할 수 있다. 즉, 정서는 의식 수준에서 다루어지며, 실제 도형과 차이가 클수록 혼란은 심한 것으로 본다. 일반적으로 피검자는 2번 도형에서 동그라미 방향 유지를 어려워하고 각을 잘 맞추지 못한다. 혼란이 클수록 1번 도형 쪽으로 2번 도형의 경사가 올라가는 경향이 있다.

만약 세 개의 동그라미가 선의 각을 유지하지 못하면 의식 수준에서 우울이 있고, 각의 상실이 클수록 우울이 심한 것으로 해석된다. 그리고 각의 상실이 도형의 앞쪽(왼쪽에서 오른쪽)에 있을수록 정동장애가 만성화된 것으로 볼 수 있다.

1번 도형과 2번 도형이 충돌하면 피검자가 자신의 충동을 효과적으로 통제하는데 어려움이 있다고 할 수 있다. 보통은 2번 도형이 1번 도형에 근접하거나 충돌하면, 피검자는 그림을 지우려 한다. 검사자는 수정 후의 효율성 정도에 따라 피검자가 자신의 행동을 "교정"할 능력이 어느 정도 있는지를 평가할 수 있다.

동그라미 사이의 넓은 간격(예를 들어 동그라미 3개가 있는 한 줄과 다른 한 줄 간의 분리)은 해리를 시사하고, 이것은 해리경향을 평가하는 다른 검사(예, 로르샤하, MMPI)로도 확인할 수 있다. 만일 용지 한쪽 끝이나 위쪽 끝까지 동그라미가 뻗어 있다면, 반사회적 행동 표출에 대해 환경적 제약을 찾으려는 시도로 해석된다.

만약 동그라미 안을 칠해 놓았다면, 분노가 분명하게 드러나는 것이다. 동그라미를 닫아 놓고 안을 칠한 것이 많을수록 공격성이나 정신병리적 행동 표출의 가능성이 크다. 간혹 관찰되기는 하지만, 3개의 동그라미로 된 수직선을 4개 이상 그리면 급성 정신분열로의 진행을 생각해 볼 수 있다.

첫 번째 사례는 14세 7개월 소년의 것이다(그림 5.1). 이 그림은 4장의 마지막 사례에서도 제시했었다(그림 4.4). 소년은 감정적 압력을 다루는 것을 힘들어했고, 통제력 부족으로 1번과 2번 도형이 충돌했다. 게다가 둘째 줄 다음부터는 수직으로 놓인 동그라미 3개 간에 분리가 사라졌고, 여섯번째 줄 다음부터는 동그라미가 커졌는데, 이는 분노에서 오는 감정의 동요와 혼란 및 의존성을 시사한다. 이런 경향은 프로토콜 전반에서 반복적으로 나타났고, 임상 관찰에서도 확인되었다.

두 번째 사례(그림 5.2)는 4장(그림 4.3)에서 논의한 1번 도형을 그린 48세 남성의 것이다. 1번 도형에서 나타난 보속증은 그가 행동 표출을 제한하기 위해 환경에 의존하고 있음을 의미한다. 아울러 처음 네 수직선의 각이 감소되어 있고, 다섯번째 줄부터 열한번째 줄까지 각을 기울여 그려 만성적인 우울의 부인이 시사되었다. 다섯번째 줄과 여섯번째 줄 사이, 그리고 여섯번째 줄과 일곱번째 줄 사이의 간격은 부인을 나타내며, 관념적 동요와 우울을 극복하는 방법으로 해리의 가능성을 시사한다.

세 번째 사례는 26세 여성 심리학자의 그림이다(그림 5.3). 그녀의 2번 도형은 각을 제대로 그리지 못한 채 수직으로 올라가고 있다. 그녀가 그린 다른 도형과 비교해 볼 때 이 그림은 통제력 상실을 의미한다. 이는 관념적 동요와 그에 따른 우울 때문에 전문적 도움이 필요할 정도로 불안이 심하다는 것을 시사한다.

네 번째 사례는 13세 5개월 된 소년의 그림이다(그림 5.4). 소년의 자기 불만은 처음에 도형을 그리다 지우고, 다시 시작한다는 점에서 분명해진다. 유의해야 할 점은 도형이 아래로 향하고 있고 계속해서 동그라미 줄의 각이 사라진다는 것이다. 이것은 소년의 우울이 진행되고 있음을 시사하고, 감정을 억제하고 부인하려는 시도를 나타낸다. 그러나 그의 노력은 성공하지 못했고, 결국 자살 시도로 입원하게 되었다.

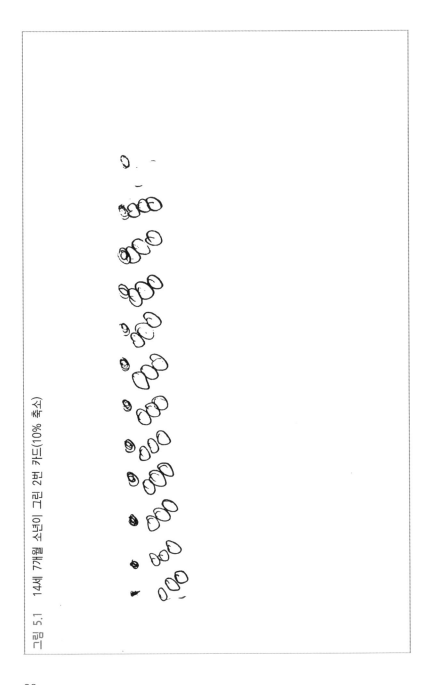

그림 5.1 14세 7개월 소년이 그린 2번 카드(10% 축소)

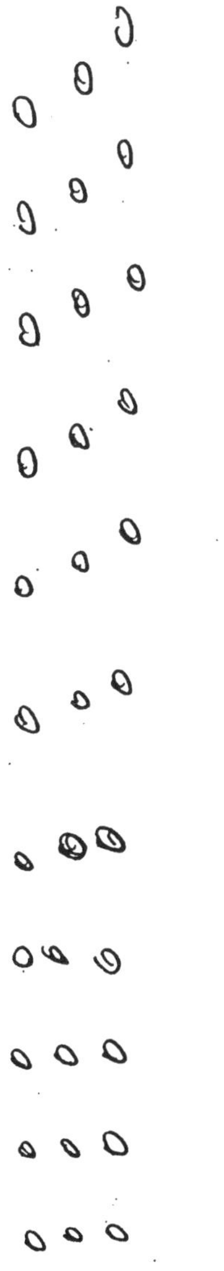

그림 5.2 48세 남성이 그린 2번 카드(10% 축소)

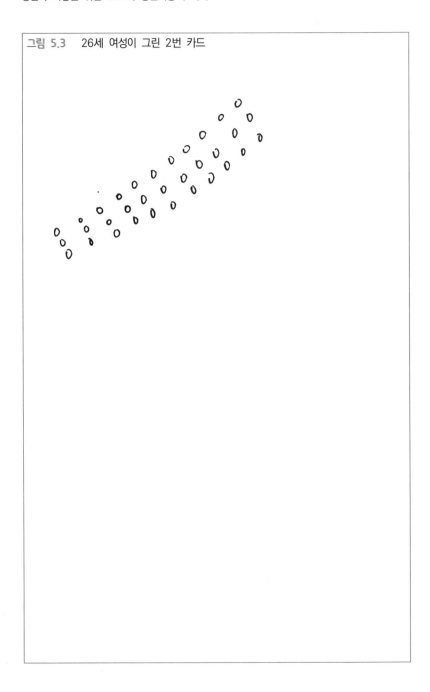

그림 5.3   26세 여성이 그린 2번 카드

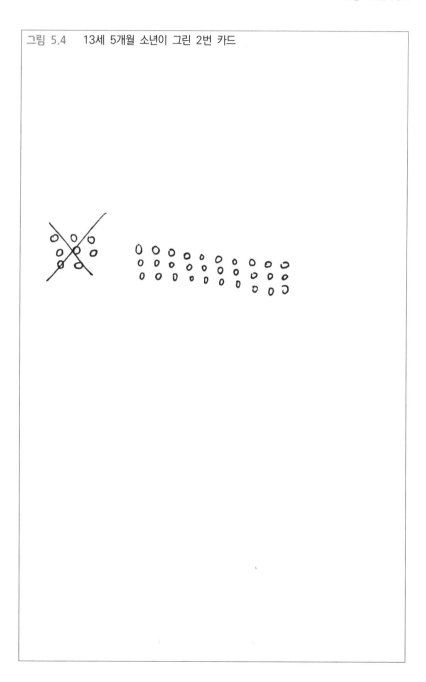

그림 5.4　13세 5개월 소년이 그린 2번 카드

질 문

1. 점의 선이 올라가 있으면?

    a. 피검자가 투사나 억압을 사용한다.

    b. 피검자가 우울하고 무감각하다.

    c. 피검자가 성숙하지 못하고 충동적이다.

    d. 위 모두가 해당된다.

2. 점의 선 중 어떤 부분이 4개로 되어 있다면 어떤 것을 고려할 수 있나?

    a. 우울증

    b. 기질적 장애

    c. 시각 손상

    d. 조현병

3. 처음 그림이 실제 도형과 차이가 날수록?

    a. 피검자는 현명하다.

    b. 피검자는 신경증적이다.

    c. 혼란이 많다.

    d. 위 모두가 해당된다.

4. 원이 닫혀 있다면?

    a. 피검자가 억압을 한다.

    b. 피검자의 분노가 많다.

    c. 피검자의 어머니가 양육적이다.

    d. 위 어느 것도 해당되지 않는다.

6장

3번 카드

3번 카드는 점으로 된 화살표 모양인데, 피검자가 적대감과 성적 관심을 어떻게 다루는가를 반영한다. 성학대 같은 성적 혼란과 가학-피학성은 이 도형을 보고 해석할 수 있다. 점으로 된 화살표는 의미 있는 상징이어서, 화살표가 다른 도형에 관입하는지 또는 다른 도형에 가까이 있는지를 확인해야 한다. 도형이 무의식적인 부분을 나타내기 때문에 자세한 해석은 다른 도형이 화살표의 점에 관입되거나 관입될 만큼 가까이 있는지에 따라 달라진다. 특히 이 도형은 성행동 표출을 평가하는 데 유용하다. 왜냐하면 화살표가 성기를 상징하므로 리비도의 억압을 평가하는 데 도움이 되기 때문이다.

지워진 부분이나 실제 도형과 다르게 그린 것은 성과 공격성의 혼란을 시사한다. 만약 남성 피검자가 도형을 지운 후 처음보다 작게 그리면, 그는 어머니로부터 적절하게 분리되지 않았음을 의미한다. 그가 말하고 싶어 하는 것은, '아이가 되었으면 좋겠다.'이다. 발기는 남성의 힘을 상징하기 때문에 본래 도형보다 작게 그린 것은 발기 능력에 대한 관심을 나타낸다. 만약 여성 피검자가 도형을 지운 후 처음보다 작게 그리면, 병리적일 가능성에 대한 걱정과 관입의 두려움을 반영한다. 그녀가 말하고자 하는 것은 '성적으로 흥분된 남성이 자신을 불안하게 한다.'는 것이다.

화살표 각 선의 점의 개수 또한 의미가 있는데, 어떤 선에서 점의 수가 많아지는 것은 분노의 증가를 반영한다. 반면, 어떤 선에서 점의 수가 적어지는 것은 공격성에 대한 거부와 부인을 의미한다. 만약, 점의 수가 가장 긴 선(점 7개) 이전의 선에서 변화가 있다면, 분노를 감추거나 의식 수준에서 부인하는 것으로 보인다.

만약 점을 이어지지 않은 동그라미로 그리면, 관념화의 동요와 퇴행을 고려해서 해석해야 한다. 점으로 그리지 않고 이어지지 않은 동그라미로 그린 남성은 성적 압력으로 인한 혼란에 대해 걱정하고 있다는 것을 시사한다. 아울러 성적 충동과 공격적 충동이 분리되지 않고 혼란스럽다는 것을 의미한다. 비록 피검자의 분노가 아버지상을 향해 있다 하더라도, 이 피검자는 성과 공격성을 혼동하고 있고, 폭력이나 성폭행의 측면에서 여성, 어린이, 남성에게 위협이 될 수 있다. 이어지지 않은 동그라미로 그린 여성은 남성과의 성관계를 싫어할 가능성이 있다.

대뇌의 기질적 관점에서 BGT의 신경심리학적 해석에 대한 논의는 이 책의 범위를 넘어서지만, 이전에 보고되지 않았던 신경심리학적 지표가 3번 도형에서 나타날 수 있다. 특히, 수평의 중간 열을 곧게 그리지 못하면, 이것은 신경학적 손상의 지표가 된다. 물론 이 결과는 기질적 문제에 대한 전통적인 다른 지표와 일치해야 한다.

첫 번째 사례는 23세 남성의 그림이다(그림 6.1). 점으로 된 화살표 도형이 A번 도형의 어머니상과 접해 있다. 그가 그린 어머니상은 선이 일정하지 않고, 비양육적인 특징을 나타내는 끝점이 겹쳐져 있다. 아버지상은 공격적인 것으로 보이고 여성상에 관입되어 있다. 그리고 아버지상에서 연결되지 않고 삐쳐 나온 부분이 있는데, 이는 아버지상이 학대적이고 비양육적이라는 것을 시사한다.

44

앞서 언급했듯이 화살표 그림에서 점을 동그라미로 그린 것은 남성에 대한 분노를 반영하고, 성과 공격성 사이의 혼란을 의미한다. 화살표가 A번 카드의 어머니상과 가까이 있는 것은 여성에 대한 분노를 시사하고, 이러한 분노가 정신병적 수준에 있음을 의미한다. 그는 공격적인 아버지상과의 동일시라는 측면에서 여성에 대해 행동 표출의 가능성이 있다. 실제로 이 피검자는 성폭행으로 기소되어 수감되었고, 그는 아버지가 없고 아버지를 모른다고 했다.

두 번째 사례는 30세 여성이 그린 것이다(그림 6.2). 모든 점을 원으로 그렸는데, 이는 숨겨진 분노를 의미한다. 적대감을 숨기려는 것은 전체 그림의 크기가 줄어든 것에서도 볼 수 있다. 지운 부분이 없다는 것은 자기비판이 결여되어 있다는 것을 시사한다. 이는 반사회적이고 성격적으로 혼란스러운 사람에게 주로 나타난다. 이 해석은 그녀의 과거력을 통해 확인할 수 있었다. 그녀는 범죄를 저질렀고, 방화죄로 교도소에 수감되었다.

임상적 타당성이 수년 동안 확증되어 왔기 때문에, 이 도형이 적대감을 평가한다는 것은 분명하다. BGT 도형 간의 상호 관련성으로 얻어진 정보가 피검자의 정신병적 기능을 이해하는 데 중요하기 때문에 전체 BGT에 대한 설명은 12장에서 논의하겠다.

세 번째 사례는 48세 기혼 남성이 그린 것이다(그림 6.3). 그가 그린 3번 도형은 겉으로 보기에는 원래 도형과 비슷해 보이지만, 제일 큰 각과 5개의 점이 있는 선의 각 사이에 공간이 있다. 이는 위장된 분노 가능성을 시사하는데 분노가 통제되었을 때도 이를 부인하였다. 이 남성은 폭행혐의로 기소되었고, 분노가 가라앉은 후에도 자신의 행동에 대한 이유를 제대로 설명하지 못했다. 이 그림에서 공간은 의미가 있다. 특히, 앞쪽 각과 여분의 공간은 숨겨진 분노가 있음을 나타낸다.

　　네 번째 사례는 19세 미혼 여성이 그린 것이다(그림 6.4). 점을 원
으로 그렸을 뿐 아니라 오른쪽에서 첫 번째 선과 두 번째 선에서
본래 도형보다 점을 많이 그렸다. 이 여성은 분노가 심했는데, 변
호사가 심리검사를 받는 것이 변호에 중요하다고 조언했음에도 검사
를 거부했다.

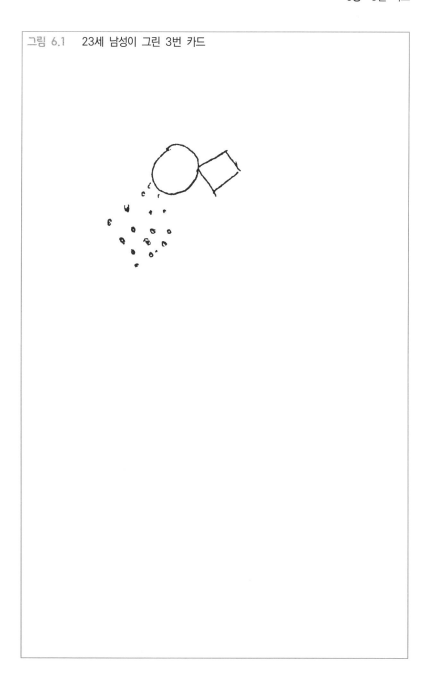

그림 6.1 23세 남성이 그린 3번 카드

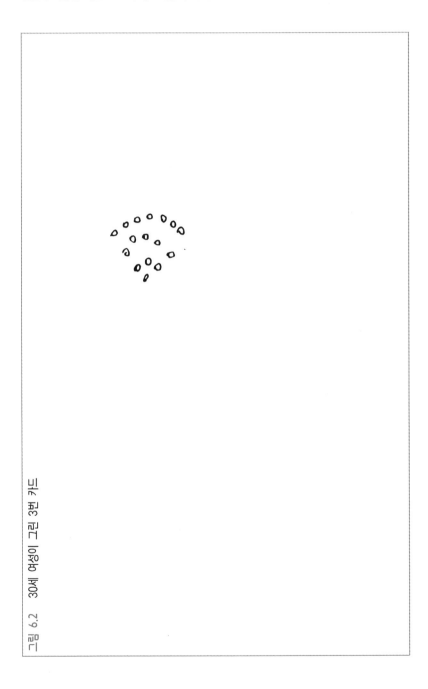

그림 6.2 30세 여성이 그린 3번 카드

그림 6.3   48세 남성이 그린 3번 카드

그림 6.4   19세 여성이 그린 3번 카드

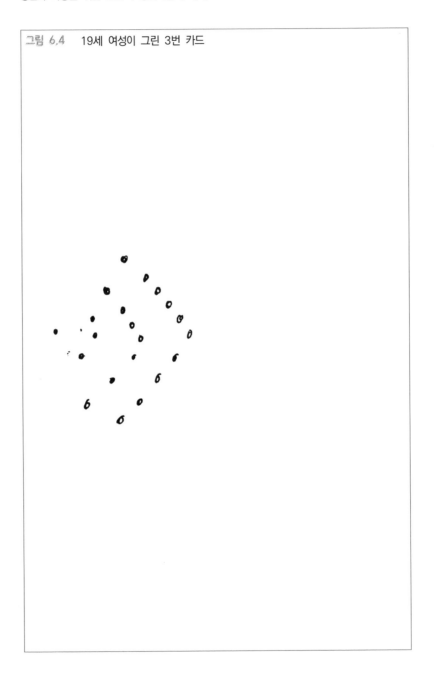

질 문

1. 이 카드는 무엇을 평가하는가?

    a. 관입에 대한 걱정

    b. 기질적 문제

    c. 적대감

    d. 위 모두가 해당된다.

2. 점 대신에 이어지지 않은 원으로 그린 남성은?

    a. 양육 박탈의 경험이 있다.

    b. 아버지를 향한 분노가 있다.

    c. 성과 공격성이 결합되어 있다.

    d. 위 모두가 해당된다.

3. 화살표 모양의 중심이나 중앙선이 직선이 아니라면 어떤 점을 고려할 수 있나?

    a. 간질이나 기질적 문제

    b. 우울증

    c. 성적 혼란이 두드러진다.

    d. 위 어느 것도 해당되지 않는다.

4. 도형을 지우고 다시 그렸을 때 도형을 더 작게 그린 여성은?

    a. 부적절감이 있다.

    b. 우울 경향이 있다.

    c. 편집증적 관념화가 있다.

    d. 강한 관입 불안이 있다.

4번 카드

7장에서는 4번 카드를 분석했다. 4번 도형은 정신역동적 해석에서 대인관계 및 부모상으로부터의 분리와 개별화를 의미한다. 하지만 후자는 신중하게 해석해야 한다. 세 변으로 된 상자는 남성상에 대한 상징이고, 휘어진 선은 여성상에 대한 표상이다. 여기서는 더 크게 그린 도형을 지배적인 성으로 본다.

여성 피검자가 남성 도형보다 여성 도형을 크게 그리고 남성 도형에 여성 도형을 겹쳐 그리면, 이 여성은 의식적/무의식적으로 남성을 싫어하고 언어적으로나 신체적으로 남성을 통제하고 처벌할 가능성이 있다. 이러한 여성 피검자는 정체감에 혼란이 있고, 분노를 통제와 처벌 행동으로 숨기고, 공격적인 아버지와 동일시했을 수 있다. 또한 겉보기에는 매력적이지만, 이성애적 오르가즘의 측면에서 남성과의 성관계에 문제를 보일 가능성이 있다. 그리고 나이든 남성에게 성학대의 과거력이 있을 수 있다. 아울러 자신의 정체감 혼란과 자기혐오를 위장하기 위해 여성성을 강조할 수도 있다. 이러한 여성과 관계하고 있는 남성이 혼란과 공포를 경험한다는 점은 눈여겨 볼만하다. 그 이유는 여성의 공격성과 비일관성 때문이다.

여성 도형을 남성 도형의 수평선보다 아래에 그린 여성은 동성/이성과의 관계에서 복종적이고 피학적인데, 특히 남성과의 관계에서 그러하다. 하지만 여성이 여성 도형을 남성 도형의 오른쪽 수직 면에 가깝게 그리면, 경쟁적이고 다른 여성을 불신할 가능성이 있다.

여성 피검자가 A번 카드뿐 아니라 4번 카드에서도 도형을 크게 그리면, 화가 나 있고 관계욕구와 상관없이 어느 누구에게도 복종하지 않으려 할 것이다.

여성 도형을 남성 도형과 겹쳐 그린 남성은 여성에게 지배받는다고 느끼고, 여성을 위협으로 지각하기 쉽다. 이런 남성의 경우 여성과의 관계가 회피적이고, 수동적이며, 수동-공격적인 상호작용을 보인다.

남성 도형을 여성 도형에 관입하여 그린 남성은 여성을 싫어하고 언어적으로나 신체적으로 해를 입힐지 모른다. 또한, 남성 도형의 오른쪽이 왼쪽보다 높으면, 겉으로는 남성적으로 보이려 하지만, "내가 감시하고 있으니 내 말대로 하지 않으면 혼내 줄 거야."라면서 여성과의 관계에서 "남자다움"의 표상을 사용하는 경향이 있다.

남성 피검자가 남성 도형을 진하게 그릴수록 돈쥬앙형(Don Juan Type)이 되기 쉽다. 이런 피검자는 자신의 남성다움을 고정적이고, 공격적이며, 주장하는 방식으로 드러낸다. 또한 정체감이 혼란스럽고 남성적으로 보이려는 경향이 있다. 이런 남성은 자신의 남성성을 증명하려 하고, 동성애에 대한 공포나 혐오를 가지고 있으며, 자신이 동성에 지향되어 있지 않음을 확신한다.

도형 간의 분리가 미미할지라도, 두 도형을 분리해서 그린 피검자는 대인관계에 문제가 있을 수 있다. 이런 피검자는 의심이 많고 편집증적이다. 그들의 대인관계는 피상적이고, 타인을 조종하려 한다. 이런 유형의 피검자는 알코올, 섭식, 약물중독 같은 문제를 경험할 수 있다.

남성 도형에서 각을 둥글게 그린 피검자는 남성, 특히 부모상에 해당하는 남성을 여성의 특징을 가진 것으로 본다. 가령, 본 저자 중 한 사람이 10년 전에 13세 소녀의 BGT를 맹목분석(blind analysis)했는데, 소녀는 4번 카드의 남성 도형의 각을 둥글게 그렸다. 저자가 내린 해석은 그녀의 아버지가 은밀하게 동성애적 경향이 있을지도 모른다는 것이었다. 실제로 그녀의 아버지는 소녀를 평가한 5년이 지난 후, 자신의 동성 애인 때문에 아내와 이혼을 했다.

4번 카드 왜곡의 첫 번째 사례는 재혼한 48세 남성의 그림에서 볼 수 있다(그림 7.1). 4번 도형에서 그는 여성 도형을 강조했다. 여성 도형(겹선으로 나타낸)의 정교화는 지속적인 혼란과 여성에 대한 분노가 그에게 중요한 부분임을 나타낸다. 여성을 향한 적개심은 남성 도형이 여성 도형에 관입하고 있는 것에서 볼 수 있다. 여성 도형 선을 두 겹으로 그린 것은 혼란이 오랫동안 지속되었고, 의존적인 피검자가 남자다움을 갈망하고 있음을 반영한다. 남성 도형에서 보이는 희미한 수평선은 깊이 자리한 남성적 부적절성으로 해석할 수 있다. 남성 도형의 수직선을 진하게 그린 것은 자아 존중감의 결여를 남성적인 외모로 감추려는 시도로 볼 수 있다.

두 번째 사례는 27세 여성이 그린 것이다(그림 7.2). 이 여성은 두 번 이혼을 했고, 세 번째 결혼을 준비하고 있었다. 4번 카드의 여성 도형이 남성 도형을 압도하는 것처럼 보인다. 이는 그녀가 경쟁적이고, 공격적이며, 정체감에 혼란이 있음을 시사한다. 앞서 보았듯이 4번 카드가 동일시 문제를 반영한다는 측면에서 부모와의 관계에서 아버지상은 공격적이다. 이 여성의 공격성은 치료 개입에 대한 욕구를 시사하지만, 그녀가 "통제"를 포기하지는 않을 것 같아 보인다. 그림에서 남성 도형은 직사각형이 아니고, 여성 도형은 올라가 있는데 이는 남성 인물의 여성화를 반영한다. 남성 도형의 오른쪽이 더 긴 것은 정체감 혼란과 공격성을 나타낸다.

세 번째 사례는 9세 4개월 된 소년의 그림이다(그림 7.3). 소년이 의뢰된 이유는 의식적/지속적으로 통제하려는 시도 때문이었다. 특히 소년은 어머니를 지속적으로 통제하려고 했다. 그리고 4살 된 여동생을 향한 분노가 문제가 되었다. 소년은 선 끝을 강조함으로써 4번 도형을 정교화(9개 도형 중 유일하게 정교화)했는데, 이는 지속적인 혼란을 의미한다. 그리고 점과 모양을 강조해서 끝을 마무리한 것은 어린 동생에게 관심을 빼앗겨 자신이 보살핌을 받지 못한다고 느끼고 있음을 시사한다. 게다가 남성 도형이 여성 도형에 관입하고 있고, 여성 도형이 평평하게 되어 있는데, 이는 여성상을 향한 공격성을 의미한다는 이전의 해석과도 일치한다. 중요한 점은 4번 카드에서만 일어난 정교화 왜곡이 대인관계에서 오는 혼란을 반영한다는 것이다. 소년은 어머니와 여교사의 권위에 도전했고, 반 친구들에게 폭력을 행사했다.

네 번째 사례는 14세 6개월 된 소녀의 그림이다(그림 7.4). 남성상에서 선이 연결되어 있지 않고 남성상이 여성상에 관입되면서 어머니를 찌르고 있다. 이것은 그녀가 가중 폭행죄로 유죄판결을 받은 것에서 확인되었다. 이 그림은 소녀가 화가 나있음을 시사하고, 우뚝 솟은 여성 도형은 행동 표출과도 일치한다. 이 소녀의 성격장애 경향은 프로토콜에서 나타났고, 행동적으로도 확인되었다. 4번 도형을 아무렇게나 모사한 것으로 보아 두드러질만한 검사 불안은 없었다.

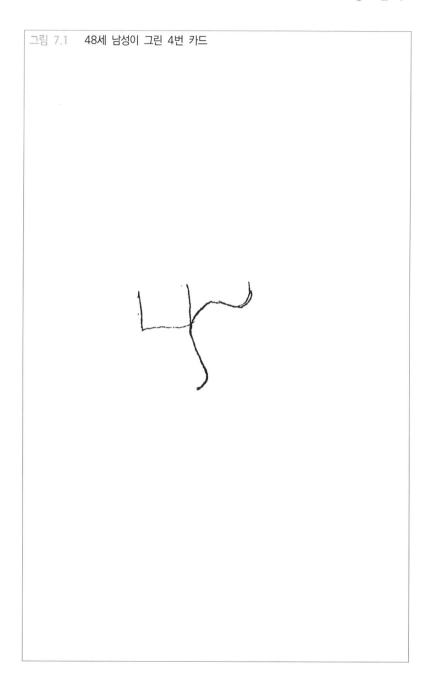

그림 7.1 48세 남성이 그린 4번 카드

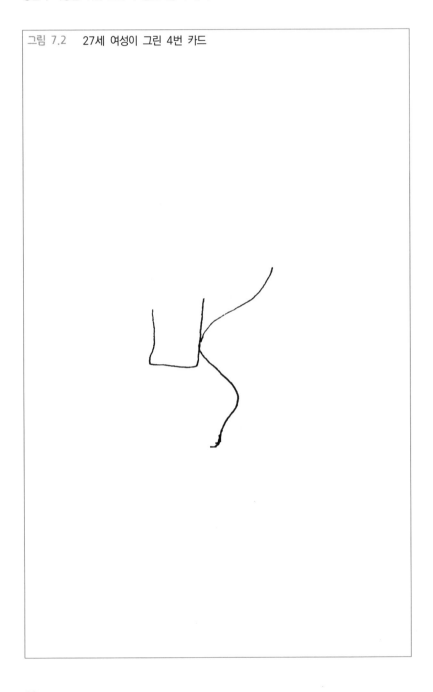

그림 7.2   27세 여성이 그린 4번 카드

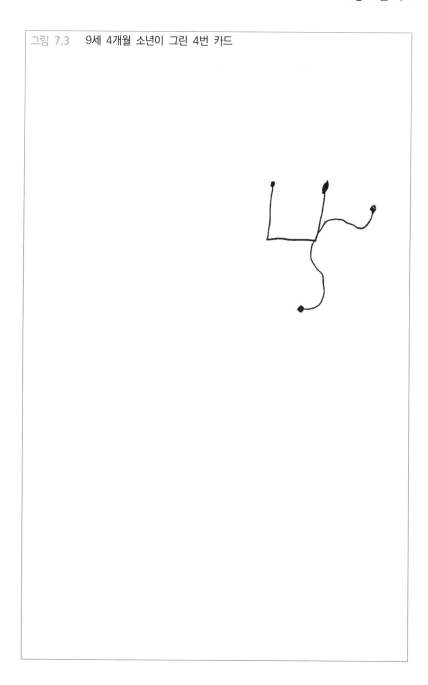

그림 7.3   9세 4개월 소년이 그린 4번 카드

그림 7.4   14세 6개월 소녀가 그린 4번 카드

질 문

1. 두 도형이 만나지 않으면?

    a. 우울하다.

    b. 의미 있는 대인관계를 형성할 수 없다.

    c. 정신분열적이다.

    d. 위 모두가 해당된다.

2. 상자 도형은?

    a. 남성 상징

    b. 여성 상징

    c. 남성 상징도 아니고 여성 상징도 아니다.

    d. 어느 한 쪽 부모의 성에 따라 남성 상징이거나 여성 상징이 된다.

3. 남성이 상자 도형 아래에 곡선 도형을 그리면?

    a. 꾀병이 있다.

    b. 기질적 손상이 있다.

    c. 남성적으로 보이려 한다.

    d. 성숙한 사람이다.

4. 여성이 곡선 도형과 상자 도형을 겹쳐 그리면?

    a. 편집증적 관념화를 가지고 있다.

    b. 남성에게 공격적이다.

    c. 정신분열적이다.

    d. 위 모두가 해당된다.

5번 카드

이 카드는 가슴/남근상 상징으로 의존성과 성적 압력을 평가하는데 유용하다. 5번 카드는 피검자와 어머니상과의 관계, 그리고 피검자와 여성과의 관계에 대한 정보를 준다. 피검자가 여성이라면 일반적으로 어머니와, 특수하게는 남성과의 관계에 관한 정보가 나타난다. 일곱 개의 점으로 기울어진 직선은 남근선이다. 점으로 된 반원형의 도형은 가슴을 상징한다. 정신병질, 사회병질, 그리고 조현병의 특성이 이 카드에서 나타난다. 반응은 피검자가 성에 관심을 가지기 시작하는 시기(사춘기)에 어머니상으로부터 건강하게 분리되었는지를 반영한다. 보통 10세 전후 사춘기 무렵부터 부모에 대한 의존성 상실이 나타나기 시작한다.

가슴상의 왼쪽 첫 번째 점이 빠져 있다면, 생의 초기에 어머니의 양육을 제대로 받지 못했거나 적절한 관계를 맺지 못했을 가능성이 있다. 그러면 조현병이나 조울증뿐 아니라 다른 정신장애도 고려할 수 있다. 또한, 가슴상의 왼쪽부터 오른쪽으로 점 사이에 간격이 있는 것은 어머니상으로부터의 분리가 감정을 상하게 했고, 이는 외상이 되었을 나이의 근사치(점의 수와 같음)를 반영한다. 흔히, 가슴상의 왜곡은 자신을 양육한 인물과 의존 관계의 어려움을 나타내고, 점에서 원으로의 퇴행은 그런 장해를 강조하는 가장 일반적인 왜곡이다. 점 대신 원을 그리는 것은 정신병적이거나 정신병의 전구적 특징과 연합되어 병이 악화되어 가고 있다는 것을 의미한다. 점이 원으로 퇴행되어 있으면, 약물, 음식, 도박, 알코올 중독의 경향을 고려할 수 있다.

남근선은 11번째와 12번째 점(왼쪽에서 오른쪽으로 세어서) 사이의 가슴 부분과 만난다. 이것이 원래 도형과 다르면, 그 위치는 피검자가 성적 외상을 경험했을 나이나 사춘기에 문제가 발생한 나이를 시사한다.

만약 남근선이 다른 도형에 가까이 있거나 관입하면, 정신병 특히 조현병의 가능성이 있으며, 피검자가 경험하는 리비도의 압력이 압도적임을 반영한다. 피검자가 남자라면, 강간이나 타해 가능성을 고려할 수 있다. 피검자가 여성이면, 가학과 피학의 형태가 광범위할 가능성이 있다. 그녀는 남근을 추구하고, 자궁을 제거하여 남성다움을 추구하는 여성일 수 있다. 또한, 남근선을 일곱 개 점보다 적게 그려, 남근상의 길이를 짧게 그린 여성은 남성적인 여성일 가능성을 나타낸다. 남근선에서 일곱 개 점보다 적게 그린 남성은 보통 무능하고 수동적이며 성적 능력이 부족한 경향이 있다. 축소된 형태로 그린 피검자는 자존감이 결여되어 있고, 성기능에서 자존감이 저하되어 있음을 시사한다.

이 도형 중 하나나 둘을 점이 아닌 선으로 그리면, 성적 회피와 외디푸스 전의 아동기에 의식적이고 과장된 의존 욕구가 있었음을 의미한다. 이런 피검자는 종종 식욕 부진이 있고, 사랑받고 싶어 하는데, 이는 초기 아동기에 그들의 욕구가 일차적 수준에 있었기 때문이다. 이러한 성인에게 일부 성기능의 형태가(모든 형태의 공포증에서 보이는 것처럼) 공황발작으로 나타날 수 있다.

첫 번째 사례는 17세 11개월 남성의 것이다(그림 8.1). 그가 그린 다른 도형들은 서로 떨어져 있지만, 5번과 6번 카드는 충돌해 있다. 남근상 쪽으로 다가가는 점의 질에 변화가 있고(예, 크기, 점 대신에 원, 점), 남근선이 들어가는 곳에 공간이 있다. 그는 지적으로 뛰어나지만 충돌이 있는 것으로 볼 때, 이는 분노와 왜곡된 의존 욕구를 반영한다. 사실, 그는 LSD 때문에 문제가 있었고 오랫동안 약물을 남용했다. 대인관계 측면에서 다른 도형에 한 도형이 관입한 것은 역동적 해석을 가능하게 한다.

두 번째 사례는 12세 소녀의 것이다(그림 8.2). 남성 상징과 여성 상징의 상호작용에서 보이는 왜곡은 성적 외상을 포함한 정서적 스트레스를 의미한다(다른 평가 자료와 임상 자료에서도 확인되었다). 점이 원으로 퇴행되어 있는데, 이는 양육 박탈과 남성에게 받은 외상에 대한 분노를 나타낸다.

세 번째 사례는 3, 4, 5장(그림 3.3, 4.4, 5.1)에서 본 14세 7개월 소년의 것이다(그림 8.3). 소년은 BGT에서 기질적 뇌손상이 시사되었다. 그러나 질적으로 볼 때, 5번 도형을 점 대신 동그라미로 그린 것은 부모상과의 상호작용에서 양육에 대한 과도한 요구와 충동성을 반영한다. 5번 카드는 압도적인 충동성을 나타내고 있다. 동그라미가 붙어 있고, 도형이 불규칙하며, 배치 형태가 충동성을 억압하고 있어 행동 표출 가능성이 시사된다.

네 번째 사례는 21세 여성의 것이다(그림 8.4). 그녀는 5번 카드에서 단절된 의존 압력을 보여주고 있고, 마지막 점 배치(종이를 벗어남)는 1~2년 전에 혼란이 있었음을 의미한다. 실제로 그녀는 자동차 사고를 당했고, 얼굴을 다쳤지만 성형수술을 받지 못했다. 아울러 가슴상에서 첫 번째 점(왼쪽 맨 밑)의 생략은 생의 초기에 양육 박탈이 있었음을 시사한다.

5번 카드의 두 부분을 불규칙하게 그린 것은 의존성과 리비도 만족의 붕괴를 반영한다. 관념화가 소녀를 압박하고 있지만(남성 상징이 용지 상단에 닿아 있다), 행동은 고립되고, 억제되어 있다. 5번 도형은 정서적 동요와 혼란을 반영하는 것으로 보인다.

다섯 번째 사례는 경제적으로 독립할 수 없어 가족의 지원을 받고 있는 31세 알코올 중독 남성의 그림이다(그림 8.5). 6번 도형이 5번 도형을 관입한 것은 여성상을 향한 분노를 반영한다. 남성 영역에서 점의 수가 적은 것은 무능력과 수동성을 시사한다. 그리고 충돌은 충동을 의미한다. 즉, 정신병적 과정이 진행되는 것으로 해석할 수 있다. 가장 중요한 붕괴가 5번 카드와 6번 카드에서 일어났는데 이는 전체 BGT에서 흥미로운 점이다. 피검자는 앞 도형에서 정확한 수로 점과 원을 그린 반면, 의존 상징은 본래 도형과 달랐고 배치 형태가 부정확했다. 일반적으로 왜곡이 클수록 해석을 더 신뢰할 수 있다.

여섯 번째 사례는 5장(그림 5.3)에서 논의한 26세 여성의 것이다(그림 8.6). 거의 90도로 회전된 도형은 왜곡되고 일탈된 의존 욕구로 해석되고, 이것은 임상 자료에서도 확인되었다. 그녀는 학사 학위를 받은 똑똑한 사람이었는데, 5번 카드는 심하게 왜곡된 두 도형 중 하나였다. 둘 다 정서장해가 시사되었고, 이 문제는 임상적으로도 확인되었다. 이 같이 드문 형태는 환경 요인을 자폐적으로 다루고 있음을 시사한다. 그것은 또한 정서 영역의 혼란을 의미한다.

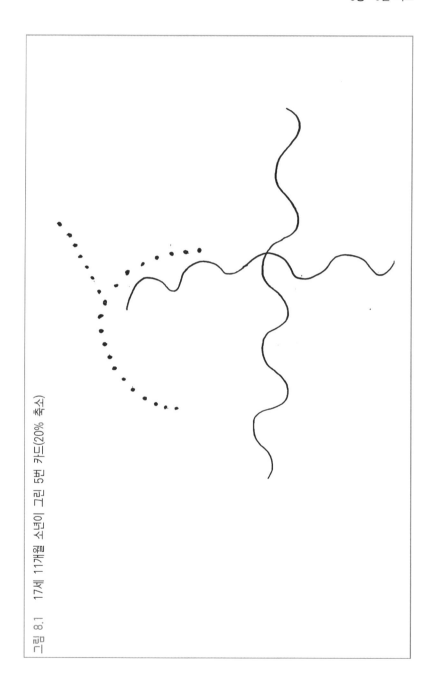

그림 8.1 17세 11개월 소년이 그린 5번 카드(20% 축소)

그림 8.2   12세 소녀가 그린 5번 카드

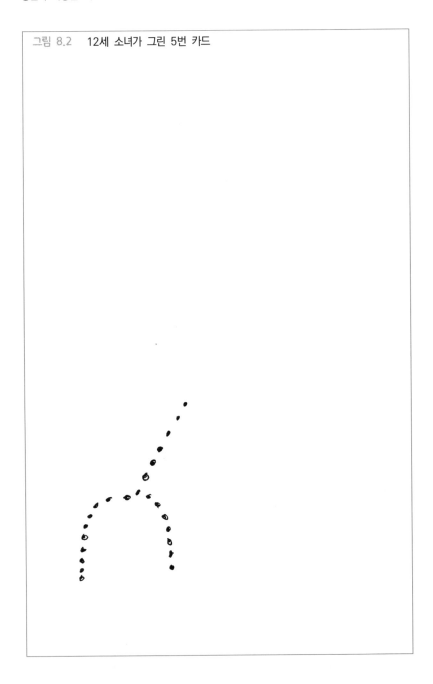

그림 8.3　14세 7개월 소년이 그린 5번 카드

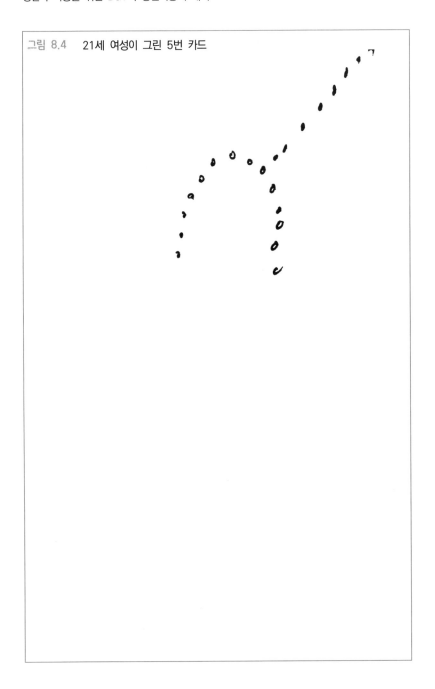

그림 8.4   21세 여성이 그린 5번 카드

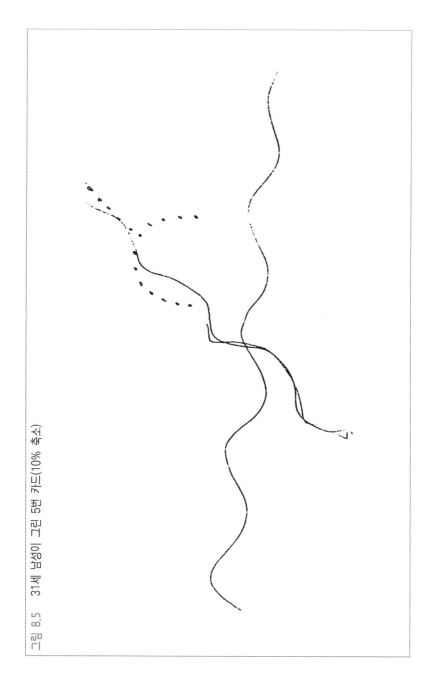

그림 8.5 31세 남성이 그린 5번 카드(10% 축소)

그림 8.6   26세 여성이 그린 5번 카드

질 문

1. 이 도형은 무엇을 평가하는가?

    a. 성적 욕구

    b. 정신병적 과정

    c. 의존 욕구

    d. 위 모두가 해당된다.

2. 점을 원으로 그리면 일차적으로 무엇을 반영하는가?

    a. 약화된 의존 욕구

    b. 빈약한 대인관계

    c. 성적 성숙

    d. 위 어느 것도 해당되지 않는다.

3. 직선 부분이 다른 도형과 가까이 있거나 관입하면 고려해야 할 점은?

    a. 폭식증

    b. 시각 운동 지체

    c. 조현병

    d. 피검자에게 다른 용지를 줘야 한다.

4. 여성이 곧은 직선에 6개의 점만 그렸다면 고려해야 할 점은?

    a. 조울증

    b. 노출증

    c. 조현병

    d. 관입 불안

6번 카드

6번 카드는 정서와 적대감의 전반적 장해 정도를 평가하는 데 유용하다. 수평 물결선은 피검자가 정서를 어떻게 다루는가를 평가하는 데 도움이 된다. 수직 물결선은 분노 평가에 사용되는데, 수직 물결선이 수평 물결선의 어디에서 어떻게 교차되는지가 중요하다.

적대감선(수직선)이 정서선(수평선)의 중심에서 오른쪽으로 교차하고 정서선의 아래쪽에(바깥 그리고 아래) 교차하면, 우울증과 조현병을 생각해 볼 수 있다. 적대감선이 정서선의 중심에서 오른쪽으로 교차하고, 정서선의 위쪽에(바깥 그리고 위) 교차하면, 초자아와 자아가 약화되었을 가능성이 있다. 대개 이런 그림은 "행동화" 프로토콜이다. 이런 프로토콜은 성격장애자, 정신병질자나 사회병질자에게서 자주 보인다. 적대감선이 정서선 중심에서 왼쪽으로 교차하고 정서선의 위에(안 그리고 위) 교차하면, 우울과 자벌적인 압력이 존재할 수 있다. 다른 요인이 이런 배치를 지지하면, 자해나 타해의 행동화 가능성을 고려해야 한다.

적대감선이 정서선의 중심에서 왼쪽으로 교차하고 정서선의 아래쪽에(안 그리고 아래) 교차하면, 억압을 사용할 가능성이 있다. 이런 경우 피검자는 성이나 적대감에 대한 불쾌한 충동이 없는 것처럼 행동할 수 있다. 이런 피검자는 불쾌한 상황을 회피하기 위해 망각하거나 억압을 한다. 히스테리성 환자는 흔히 심인성 기억장애

나 해리가 있는 사람처럼 왜곡하는 경향이 많다.

다음으로 중요한 것은 선의 질인데, 이는 어떤 측면의 강조를 나타낸다. 선의 음영에서 볼 수 있듯 필압은 특정 정서의 강조를 의미한다. 이와 마찬가지로 선의 끊어짐이나 변화는 통제의 어려움을 반영한다.

곡선을 뾰족하게 그리면, 기질적 손상을 고려해야 한다. 곡선을 뾰족하게 그리면 그릴수록 기질적 손상의 가능성이 높다. 즉, 부드러운 곡선을 그리지 않고 날카로운 곡선을 그리는 왜곡이 나타난다.

적대감선이 다른 도형과 가까이 있거나 교차하면, 적대감의 원인이 시사된다. 또한 적대감선이 다른 도형과 교차하면 조현병의 가능성을 생각해 볼 수 있다. 아울러 선을 용지의 모서리 끝까지 그리면, 정신증을 고려해야 한다. 물론, 이러한 혼란은 다른 심리검사와 정신상태 검사로 확증하거나 배제되어야 한다.

첫 번째 사례는 26세 여성이 그린 것이다(그림 9.1). 이 그림은 이전 장의 마지막 사례에서도 제시했었다. 수직선은 실제 BGT 도형보다 윗 부분이 길고, 빠르게 별 생각 없이 그려졌다. 이는 정서적 동요와 혼란을 반영하는데, 앞서 2번과 5번 카드(그림 5.3과 8.6)에서도 언급한 바 있다.

그녀가 그린 6번 카드는 정서적 분열을 시사한다. 그녀는 이 도형을 다른 도형과 따로 다른 용지에 그렸다. 이는 혼란의 심각도 면에서 해석될 수 있는데, 용지 한 장에 하나의 도형만을 그리지 말라는 지시가 있었음에도 그녀는 한 장에 이 도형만을 그렸다. 6번 도형을 그리기가 힘들었지만, 주된 왜곡은 도형 자체보다 위치에서 일어났다. 두 선의 크기를 작게 그린 것은 실제보다 더 많은 통제력이 있다는 것을 보이려는 의도로 생각된다. 앞서 언급한 바와 같이, 두 선의 교차점이 바깥 위에 있는데 이것은 약화된 초자아와 자아를 시사한다.

두 번째 사례는 14세 소년이 그린 것이다(그림 9.2). 이 소년은 정서적 관념화를 통제하는데 어려움이 있었다. 그는 수평선을 지우고 다시 그렸고, 수직선에 왜곡이 있었다. 그리고 수직선을 수평선보다 연하게 그렸다. 또한 도형을 그리는데 어려움이 있었는데, 이는 정서 표현의 혼란과 만성적인 스트레스를 반영한다. 6번 카드에서 소년이 도형을 다루는 방식은 그가 다른 카드를 다룰 때와 유사했다. 이것은 정서적 압박과 고립을 나타낸다. 수직선(적대감) 아래 부분에 작은 꼬리같이 생긴 왜곡은 소년이 자벌적이고 적대감을 표현할 때 수동 공격적임을 시사한다.

세 번째 사례는 16세 소녀가 그린 것이다(그림 9.3). 6번 도형의 선은 다른 도형의 선과 질이 다르다. 그리고 수평선(정서)이 그녀가 그린 도형의 선 중 가장 연했다. 이는 정서적으로 격양된 상황에서 일차과정에 혼란이 있었음을 시사한다. 그녀는 부분적으로 적대감 선을 지웠고 그것을 정서선의 중앙부에 다시 그렸는데, 이는 자신의 분노를 부인하고, 이러한 부인을 강조한 것이다. 그녀는 분노를 표현하는 것이 허용되지 않았다. 전통적인 여성 역할을 해야 한다는 압력에 대한 걱정이 그녀의 외모에서도 나타났다. 그녀는 해병대 로고가 적힌 셔츠를 입고 있었는데, 1978년 당시 또래 소녀치고는 과도하게 남성성을 강조한 옷이었다. 그녀는 정서장애가 심했고, 의식적으로 '고독감'이라는 용어로 이를 표현했다. 두 선의 크기가 작은 것은 그녀가 실제보다 자신의 정서에 더 큰 통제력이 있다는 것을 보이려는 의도로 생각된다. 그녀는 정서장애 병력이 있는 은둔형 외톨이였다.

네 번째 사례는 15세 5개월 된 소녀가 그린 것이다(그림 9.4). 정서선이 갑자기 올라간 것과 평평한 것은 정서 혼란을 행동으로 표출할 가능성을 시사한다. 이것은 그녀의 언어 표현과 검사 반응에서도 나타났다. 그녀는 "약물, 알코올, 부모와 함께 지내는 것"에 문제가 있었고, 정서 통제 상실이 심해서 입원을 하게 되었다. 앞서 언급한 것과 마찬가지로 수평선이 상승한 것은 정서 기능이 붕괴된 것으로 해석 할 수 있다. 적대감선이 오른쪽으로 기울어지고 짙어진 것은 거부증과 불복종을 시사한다.

다섯 번째 사례는 31세 남성이 그린 것이다(그림 9.5). 6번 도형이 5번 도형에 관입하고 충돌하고 있는데, 이는 8장(그림 8.5)에서 논의한 바 있다. 6번 도형은 선의 질과 크기가 과장되어 있다. 적대감선의 위쪽은 본래 도형보다 길어, 앞서 언급한 충돌로 인해 정서적 왜곡과 혼란이 있는 것으로 생각된다. 이 결과는 다른 투사평가 결과와도 일치했다. 피검자는 여성에 대한 적대감이 정신병적 수준이었다. 그는 여성이나 소녀에게 위험한 사람일 수 있다. 정서선이 오른쪽 아래로 기울어진 것은 기저에 있는 우울과 퇴행을 시사한다.

여섯 번째 사례는 11세 소년이 그린 것인데, 정서적으로 고립되어 있음을 반영한다(그림 9.6). (다른 그림도 이것과 일치하고, 4번 도형은 다른 용지에 그렸다) 정서선 아래로 적대감선이 길어진 것은 소년이 부인이나 억압의 방어기제를 사용함을 의미한다. 이를 고려하면, 소년은 심리치료가 필요한 상태였다. 소년은 분노를 행동으로 표현하는 것을 두려워했고, 다른 사람과의 상호작용을 회피함으로써 통제감을 얻으려 했다. 다른 투사평가에서도 이것을 확인할 수 있었고, 다른 그림검사도 이 해석이 타당하다는 것을 보여주었다. 소년은 신체 불편감을 호소하며 자주 결석했고, 이 때문에 학교에서 평가가 의뢰되었다.

일곱 번째 사례는 23세 남성이 그린 것이다(그림 9.7). 6번 도형이 용지 오른쪽 끝부분에 그려져 오른쪽 부분이 잘려져 있다. 수직선은 굴곡이 많은데, 이는 정서 기능에 문제가 있는 것으로 해석되고, 치료가 필요한 것으로 생각된다. 그는 경찰 업무 수행이 어려웠고, 분노에 차 있었으며, 적응을 못해 해고를 당했다. 그는 분노와 걱정 때문에 생활이 어려웠고, BGT의 정서선이 갑자기 끝난 것으로 보아 생의 초기에 문제가 있었던 것으로 생각된다.

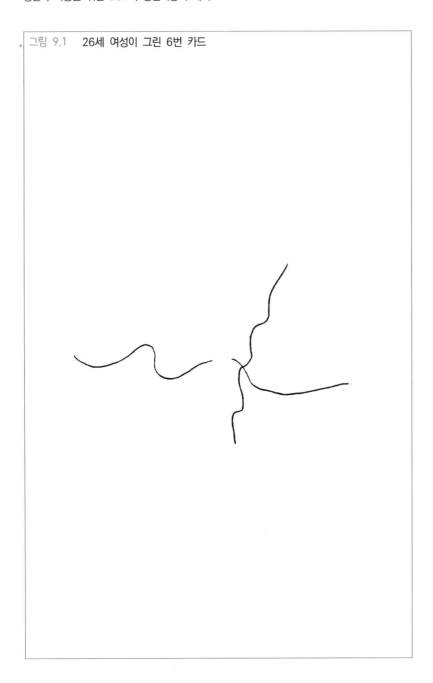

성인과 아동을 위한 BGT의 정신역동적 해석

그림 9.1   26세 여성이 그린 6번 카드

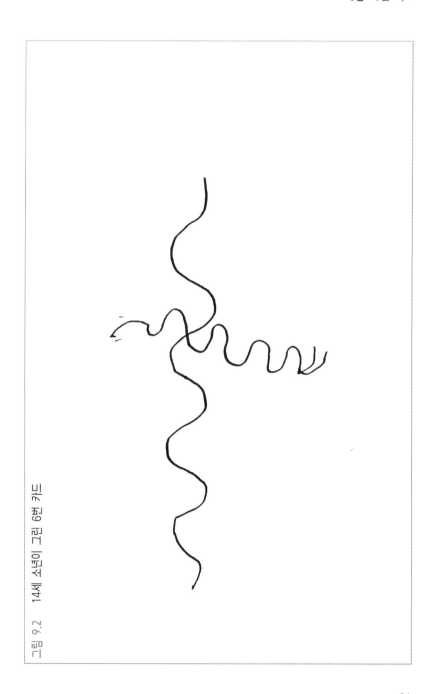

그림 9.2 14세 소년이 그린 6번 카드

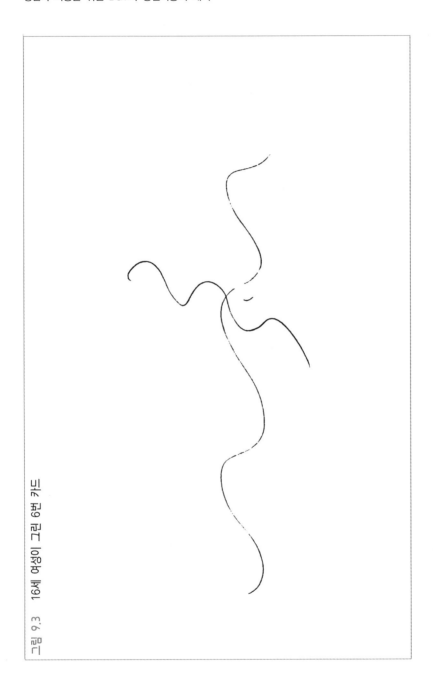

그림 9.3 16세 여성이 그린 6번 카드

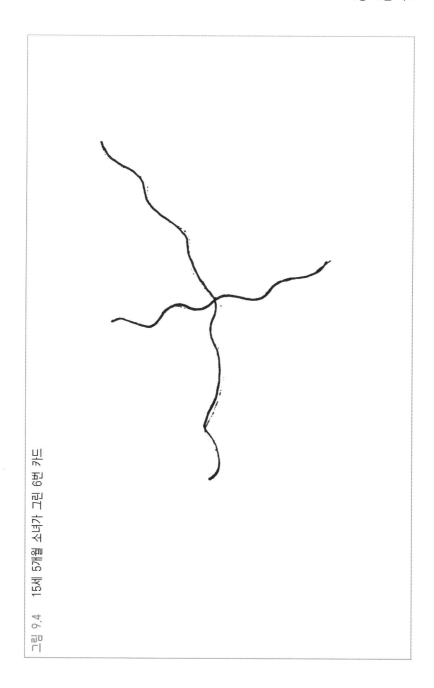

그림 9.4 15세 5개월 소녀가 그린 6번 카드

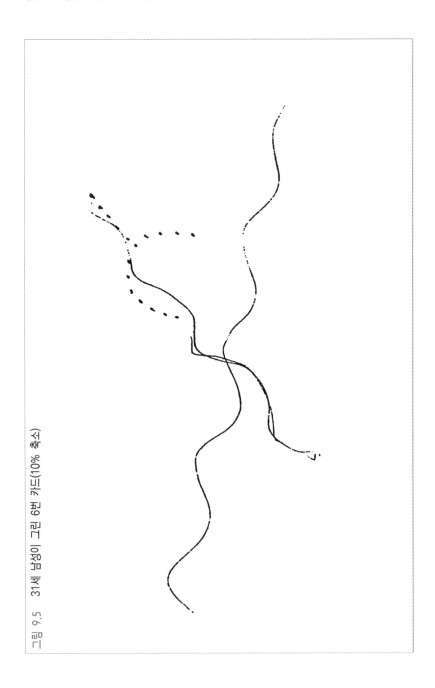

그림 9.5   31세 남성이 그린 6번 카드(10% 축소)

그림 9.6   11세 소년이 그린 6번 카드

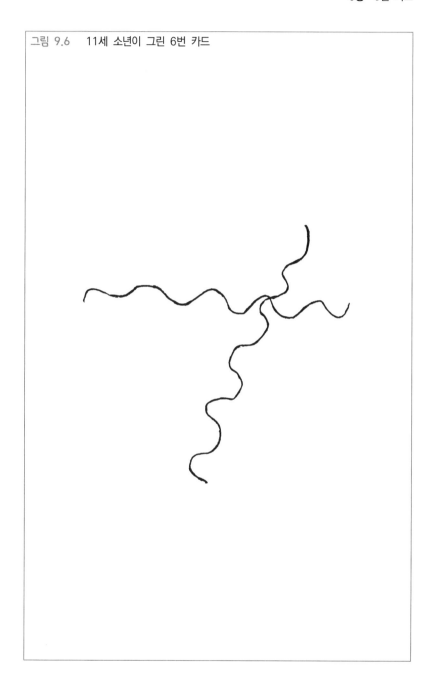

그림 9.7 23세 남성이 그린 6번 카드

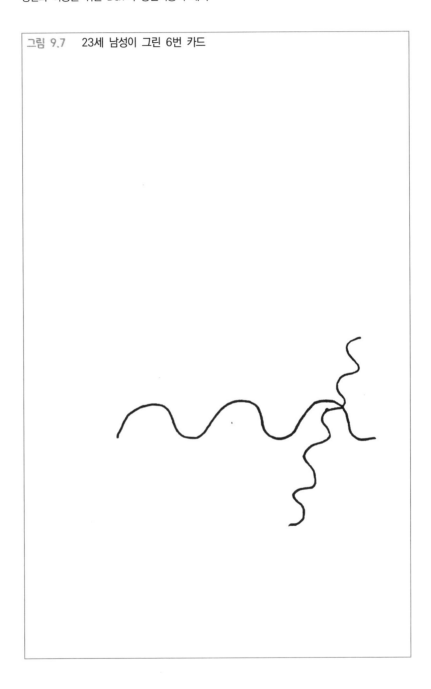

질 문

1. 수평선은 무엇을 평가하는가?

    a. 자아 강도

    b. 정서

    c. 초자아의 결여

    d. 위 어느 것도 해당되지 않는다.

2. 곡선의 어떤 부분이 뾰족하다면 고려해야 할 점은?

    a. 충동성

    b. 성적 이탈

    c. 기질성

    d. 위 어느 것도 해당되지 않는다.

3. 수직선이 다른 도형과 교차할 때 고려해야 할 점은?

    a. 정신병적 과정

    b. 기질적 문제

    c. 신경성 폭식증

    d. 위 어느 것도 해당되지 않는다.

4. 수직선의 필압이 수평선보다 진할 때 고려해야 할 점은?

    a. 자포자기

    b. 공황

    c. 분노

    d. 유쾌감

10장

7번 카드

7번 카드는 청소년과 성인의 성적 관심을 반영한다. 아동은 심리 성적 성숙에 도달했을 것이라고 기대할 수 없기에 성적 관심에 대한 이 카드는 생물학적, 내분비적 성숙에 도달한 개인을 대상으로 해석한다. 이 카드는 신경학적 손상이나 기질적 손상에 대한 자료도 제공한다. 그러나 성기능과 기능장해를 먼저 해석한다.

이 도형에서 선의 질은 유용한 정보를 준다. 특히, 도형의 이탈이 어느 부분에서 어떻게 일어나는지가 중요하다. 희미한 선은 성적 회피와 성적 부적절감을 반영하는데, 이것은 미성숙과 사춘기 이전의 심리성적 고착을 의미한다. 아울러 선이 끊어진 것은 성적 관념이 의식으로 투영되는 문제와 성기능 붕괴를 반영한다.

짙은 선은 성과 공격성이 혼합되어 나타나는 공격적 성향 또는 가학적 성향의 지표가 된다. 그리고 짙은 선이나 날카로운 점은 성행동에서 표현되는 분노를 반영한다(예, 성폭력). 이러한 방식으로 점을 강조하는 남성은 여성에게 공격적일 수 있다. 반대로 이런 식으로 점을 강조하는 여성은 남성에게 공격적일 수 있다. 선이 불규칙하면 이는 성적 외상을 반영한다. 이 그림에서 지우개를 사용하는 것은 남성/여성 둘 다에 의한 관입불안을 의심해 볼 수 있다. 지우개의 과도한 사용은 성적 동요를 나타낸다.

도형이 겹치지 않거나 겹침이 충분하지 않으면 남성에게는 거세

불안이, 여성에게는 관입불안이 있을 수 있고, 성적 공포에 압도당하고 있음을 반영한다. 유사하게 도형을 과도하게 겹쳐 그리면 리비도에 몰두해 있고, 남성/여성 둘 다 일차 사고장애(조현병)가 있을 가능성을 고려해 보아야 한다.

피검자가 도형을 그릴 때는 본래 BGT 도형 크기와의 관계도 중요하다. 그림이 실제 도형보다 작으면, 성기능이나 성관념이 위협받고 있는 것으로 볼 수 있다. 만약 실제보다 더 크게 그리면, 성적 압력이 강해지고 성행동의 가능성이 있다.

다른 도형과의 관계에서 이 도형을 어디에 그렸는지 또한 중요하다. 이 도형을 다른 도형과 겹치거나 다른 도형 가까이에 그리면 성적 일탈이나 조현병의 가능성을 고려해 보아야 한다. 3번 도형을 그린 후 지우고 다시 그린 그림이 실제 도형보다 작다면 관입 불안이나 거세 불안이 있을 가능성이 있다.

어떤 피검자는 1~6번 도형을 그린 용지와 다른 용지에 이 도형을 그리기도 한다. 이는 7번 도형의 성적 속성에 따른 불안을 반영한다. 따라서 심리성적 미성숙과 그로 인한 성관념의 회피를 고려해야 한다.

이 도형이 분리되어 있고, 선이 끊어지고, 모서리를 둥글게 그린 것은 전두엽 손상 환자에게 관찰된다. 이러한 왜곡이 없는 것은 기질적 손상의 역지표가 된다. 물론, 신경학적 손상이라는 확진을 하기 전에 다른 부가적인 징후가 있어야 하며, 이 도형의 왜곡이 반드시 기질적 이유 때문만은 아니라는 것을 명심해야 한다. 임상가가 전술한 것이 중요하다고 생각되면, 이 도형을 다시 그려보게 해서 첫 시행에 대한 결과 해석을 무시할 수 있을 만큼 더 나은 수행을 보이는지를 살펴볼 필요가 있다.

첫 번째 사례는 18세 여성의 것이다. 그녀는 7번 도형의 왼쪽 부분에 날카롭고 짙게 점을 그렸는데 칼날 같은 선의 특징이 보인다. 선의 비일관성과 희미함은 성적 부적절감이나 성기능 회피를 시사한다. 성기능과 관련된 외상 지표가 BGT에서 나타났는데 추후 면담에서 성적 외상이 있었음이 확인되었고, 이 도형과 다른 도형에서 선의 차이에 대한 해석이 타당하다는 것을 재확인시켜 주었다. 그녀는 오랫동안 힘들었지만 어느 누구에게도 고통을 말하지 못했다.

두 번째 사례는 13세 소년의 그림이다(그림 10.2). 7번 도형은 그가 그린 도형 중 가장 작았다. 도형을 덧칠한 것은 소년이 겪고 있는 정신병적 문제와 일치한다(그는 입원을 했었다). 해석에서 선의 질, 크기, 도형의 위치 등이 고려되었는데, 병리적 수준의 성적 혼란이 임상 자료에서도 확인되었다.

세 번째 사례는 7장에서 보았던 48세 남성의 그림이다(그림 10.3). 그는 다른 카드에 비해 7번 도형을 크게 그렸고 선이 진했는데, 이는 그가 공격적인 남성에게 동일시하고 있음을 의미한다. 나아가 그는 여성에게 위험한 인물일 가능성이 있다.

네 번째 사례는 21세 여성의 그림이다(그림 10.4). 두 도형 간의 거리가 좁고 두 도형에서 대칭의 비율 차이는 성적 영역의 철수와 고립 가능성을 시사한다. 선이 끊어지는 것은 기질적 손상의 지표라기보다는 고립을 심화시키는 반복적이고 상당한 정도의 성적 관념화를 반영한다. 이 결과는 임상 증거와 일치했고 건강한 성인으로 기능하려면 심리치료가 필수적이라는 것을 보여주었다.

다섯 번째 사례는 15세 소녀의 그림이다(그림 10.5). 선의 모든 각이 떨어진 것은 성적 혐오나 리비도 관념에 대한 부정적 반응을 나타낸다. 소녀는 성기능에 혼란이 있었고 정서적 지지와 관심을 얻기 위해 자신을 성적으로나 다른 방법으로 학대하게 방치했다.

소녀는 사고 혼란이 심했고 자신을 평가절하하면서 야기된 우울은 삶을 위협했다.

그림 10.1   18세 여성이 그린 7번 카드

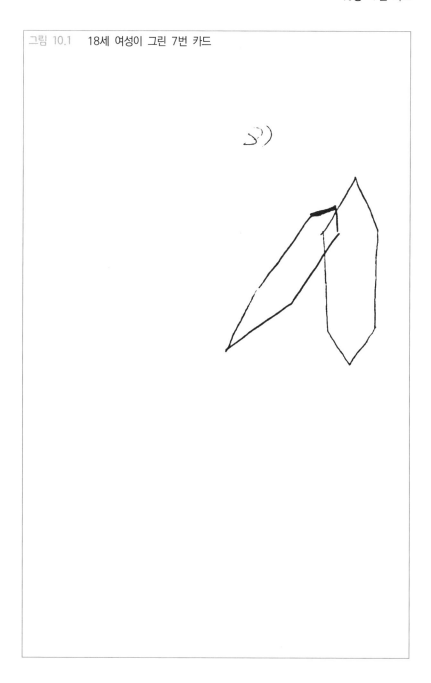

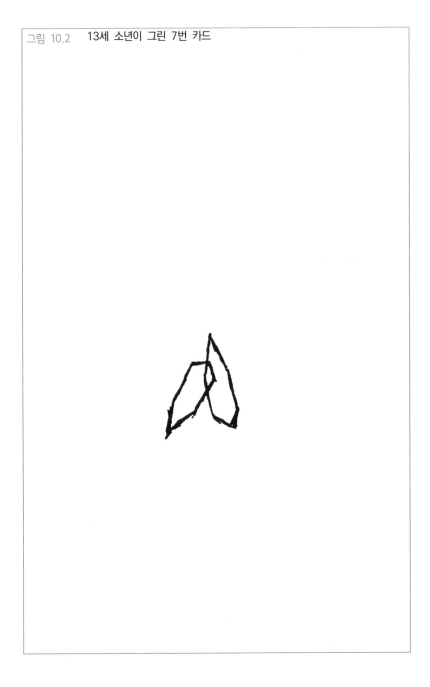

그림 10.2   13세 소년이 그린 7번 카드

그림 10.3 48세 남성이 그린 7번 카드

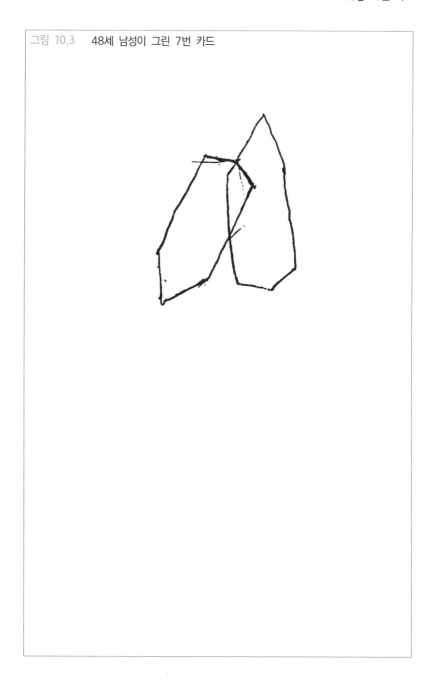

그림 10.4   21세 여성이 그린 7번 카드

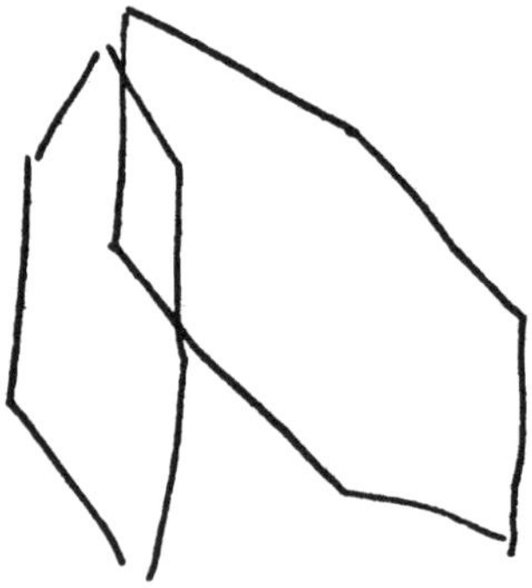

그림 10.5   15세 소녀가 그린 7번 카드

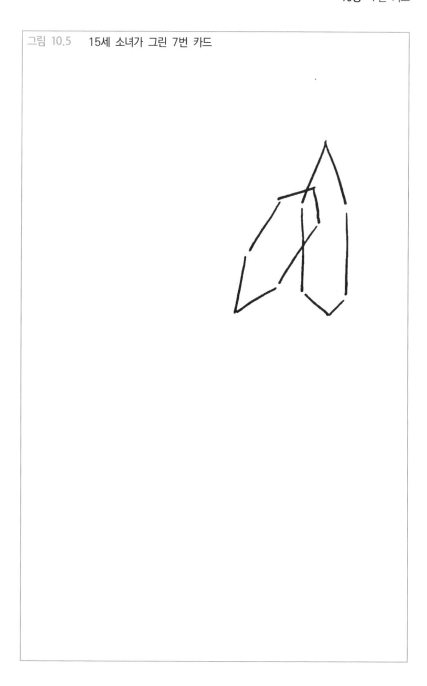

질 문

1. 이 도형이 평가하고자 하는 것은?

   a. 우울증과 성적 관심

   b. 기질적 문제와 성적 관심

   c. 기질적 문제와 우울증

   d. 위 어느 것도 해당되지 않는다.

2. 이 도형에서 많이 지운 것이 시사하는 바는?

   a. 정서적 압력

   b. 성적 혼란

   c. 기질적 문제

   d. 위 어느 것도 해당되지 않는다.

3. 이 도형을 실제 도형보다 작게 그리면?

   a. 기질적 손상이 심함

   b. 분노가 압도적임

   c. 성적 활동이 많음

   d. 성 접촉이 위협적임

4. 꼭짓점 모서리의 짙은 선은 무엇을 반영하나?

   a. 분노가 성적으로 표출됨

   b. 불안이 신체화로 나타남

   c. 양극성 압력

   d. 위 어느 것도 해당되지 않는다.

11장

8번 카드

마지막 카드는 심리 성적 성숙을 나타낸다. 가운데 마름모는 여성 성기 상징으로 해석되고, 바깥 도형은 남성 성기를 상징한다. 10장에서 기술했듯이 이 도형을 해석할 때는 반드시 피검자의 나이를 고려해야 한다. 다음 사항 중 많은 부분이 청소년과 성인에게 적용된다. 앞서 살펴본 모든 카드가 그러하듯 이 카드도 선의 질이 중요하다. 일반적으로 희미한 선은 성교나 관입에 대한 공포를 나타낸다. 선이 끊어진 것은 성적 혼란과 성적 외상이 있을 가능성을 의미한다. 선에서 음영이 보이면 마찬가지로 해석할 수 있다. 7번 카드에서 언급된 바와 같이 선의 질을 비교했을 때, 짙은 선은 성적 관심과 공격성이 혼란스러운 정도를 나타낸다. 남성 성기 상징에서 왜곡이 있거나 곡선으로 그려진 부분은 낮은 좌절 인내성과 자기 훼손을 반영하는데 특히 피검자가 남성일 경우 그렇다.

여성이 그린 도형의 경우 바깥 부분이 작으면, 이성애 행동의 의식적 혐오나 성정체감 혼란을 생각해 볼 수 있다. 남성이 도형을 작게 그린 것은 성기능 부전에 대한 걱정을 반영한다.

여성이 그린 그림 가운데 마름모가 남성 성기 상징선을 넘어가는 것은 이성에 대한 공포나 성무쾌감증일 가능성이 있다. 바깥 도형 경계 밖으로 넘어간 정도가 클수록 이성애에 대한 공포가 많고 성적 부인이 심하다고 할 수 있다. 저자의 임상 경험 30년 동안 딱

한 사례에서 "여성 성기" 상징이 생략된 경우가 있었다. 이는 매우 성적으로 억압된 그림이었는데, 그녀는 소아기에 성적 외상을 경험한 수녀였다.

만약 그림이 원래 도형보다 크다면 성적 몰두와 정신증을 고려할 수 있다. 도형이 교차하거나 다른 도형과 충돌하면 정신증으로 해석할 가능성이 커진다. 이 도형이나 다른 도형에서 기질적 지표가 나타난다 할지라도, 역동적 지표 또한 해석해야 한다. 이 도형은 성적 관념/성적 환상과 실제 성기능을 다루는데 중요하다. 이 도형과 다른 도형과의 관계는 12장에 제시했다.

첫 번째 사례(그림 11.1)는 48세 남성의 것인데, 앞서 7번 카드에서 상세히 논의했었다. 8번 카드를 포함한 이유는 성적 공격성이 반복될 가능성 때문이다. 선이 과장된 것은 여성을 향한 위협과 일치한다. 왼쪽 점 끝이 핀처럼 길어진 것은 성적 공격성을 행동 표출로 위장했지만, 성적 부적절감이 있다는 것을 의미한다. 끝이 강조된 것과 가운데 마름모를 두 개의 평행한 선보다 진하게 그리고 끝점이 두 개의 평행선과 만나지 않은 것은 공격적 사고를 시사한다.

두 번째 사례는 14세 7개월 소년의 그림이다(그림 11.2). A, 1, 2, 5번 카드는 앞서 논의 했었다(그림 3.3, 4.4, 5.1, 8.3). 기질적 요인을 나타내는 지표와 함께 남성 성기 상징을 확대하고 꼭짓점을 강조한 것은 성기능과 관련된 공격적 관념화 지표로 보인다. 오른쪽 꼭 짓점의 분리와 남성 성기 선을 통과하는 여성 성기 상징의 위쪽 점이 길게 나온 것은 정신병질적인 성적 가해자에게 나타나는 성적 관심과 공격성의 혼란으로 해석할 수 있다. 기질적 요인으로 통제력이 감소된 것과는 별도로 이는 초기 청소년기의 혼란을 반영한다.

14세 소년의 그림인 세 번째 사례는 9장에서 논의했었다(그림 11.3). 8번 도형의 크기를 축소하고 꼭짓점을 반복해서 진하게 그린 것은 성기능에 대한 병적 사고와 남성 기능의 비효율성에 대한 두려움을 반영한다. 8번 카드는 다른 사람과의 상호작용, 특히 여성과의 정서적 상호작용에 어려움이 있음을 나타내는 다른 지표와 일치했고, 이는 그가 입원한 원인이 되었다.

네 번째 사례는 16세 소녀의 것이다(그림 11.4). 그녀의 6번 도형은 9장에서 논의했었다. 그녀가 8번 도형을 길게 그린 것은 리비도와 성기능의 붕괴를 반영하는 것으로 보이고, 이는 임상 자료에서도 확인되었다. 이 도형은 그녀가 그린 다른 도형들보다 큰데, 6번 도형에서 정서 표현의 어려움이 나타났다. 가운데 마름모의 아래점이 긴 것은 일차적 관념화와 성기능 혼란을 의미한다. BGT 도형에서 나타나는 자기경멸은 심리치료가 필요함을 시사했다. 8번 도형에서 언급된 혼란은 다른 심리검사 자료에서도 확인되었다.

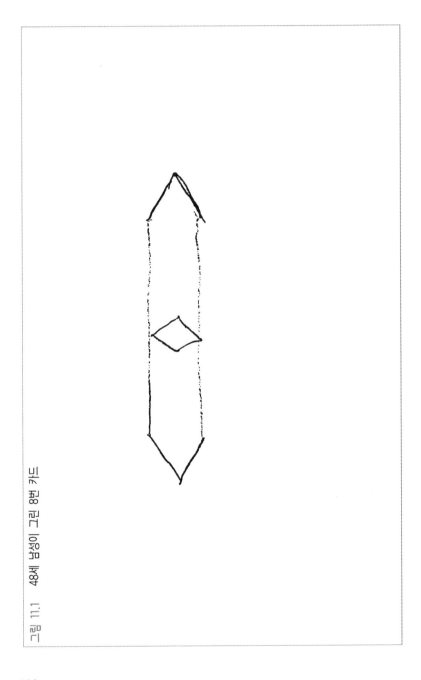

그림 11.1 48세 남성의 그림 8번 카드

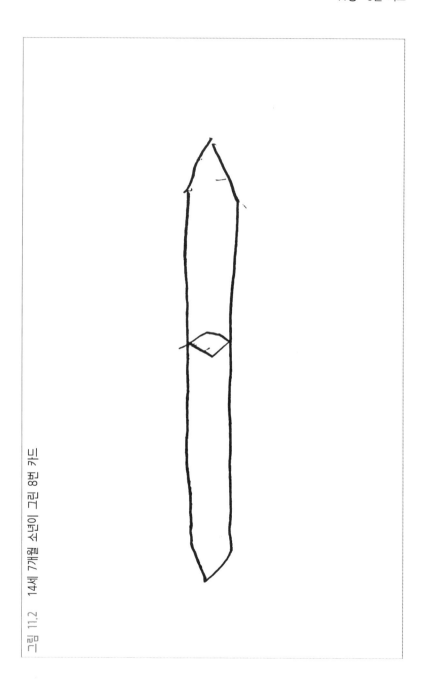

그림 11.2 14세 7개월 소년이 그린 8번 카드

그림 11.3   14세 소년이 그린 8번 카드

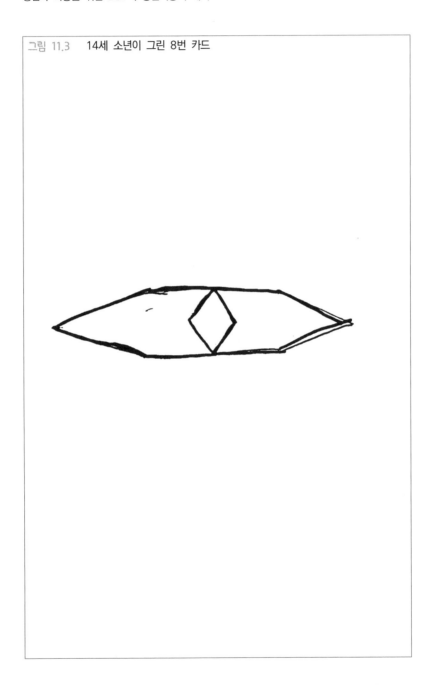

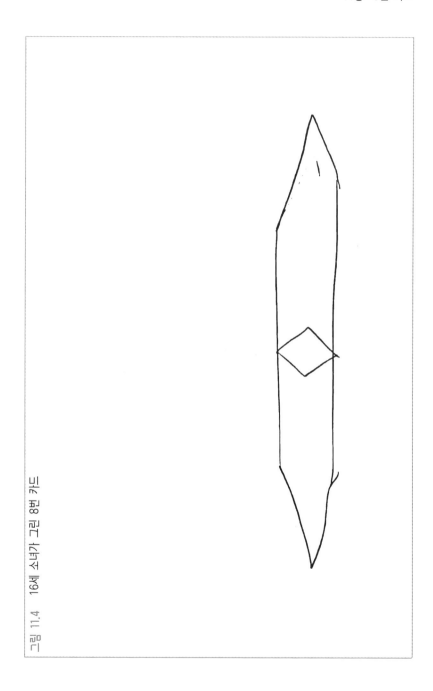

그림 11.4 16세 소녀가 그린 8번 카드

질 문

1. 중앙에 있는 마름모는?
   a. 아버지 상징
   b. 분노 상징
   c. 어머니 상징
   d. 여성 성기 상징

2. 이 도형의 옅은 선이 반영하는 것은?
   a. 기질적 문제
   b. 조현병
   c. 불쾌한 정서
   d. 위 어느 것도 해당되지 않는다.

3. 이 도형을 실제 도형보다 더 크게 그릴 때 고려해야 할 점은?
   a. 조현병
   b. 기질적 문제
   c. 다양성
   d. 위 어느 것도 해당되지 않는다.

4. 이 도형이 다른 도형과 교차할 때 고려해야 할 점은?
   a. 조현병
   b. 다양성
   c. 자기애적 성격장애
   d. 외상후 스트레스장애

12장

도형 간의 상호관계

앞서 여러 장의 목표는 BGT 도형에 대한 개인의 반응을 고려해서 구체적인 심리진단 지표를 제공하는 것이었다. 따라서 해석을 위해서는 각 도형과 함께 아홉 개 도형 간의 관계를 살펴보아야 한다. BGT 도형의 상호 관련성은 중요한 정보를 제공하고, BGT와 다른 성격검사 간의 상호관계를 분석한다는 점에서 도움이 된다.

본 장에서는 여러 BGT 프로토콜을 다룰 것인데 앞서 논의한 개인 프로토콜도 포함되어 있다. 아울러 카드 그림의 왜곡이 심한 것보다는 미묘한 몇 장을 선택해서 각 도형에서 발견된 지표의 중요성을 해석했다.

BGT 도형을 똑같이 그리기란 쉽지 않은데, 2만 여개가 넘는 프로파일에서 BGT 도형을 똑같이 그린 사람은 한 사람도 없었다. 도형의 미묘한 차이는 개인 역동에 관한 정보를 제공한다. 중요한 점은 그 사람에게 혼란스러운 것이 무엇인가에 대해 "말 하는 것"은 인식이 아니라 상징과 표상이라는 점이다. BGT 도형 그림은 의식적 내용보다는 무의식적 압력으로부터 나오는 정보의 근거가 된다.

다른 연구자들이 지적했듯이 BGT 도형은 그 단순성 때문에 꾀병이나 자기 비판 결여를 즉각적으로 알 수 있다. 도형에 관한 지식이 없을 때 의도적으로 혼란을 표현하기란 쉽지 않다.

대부분의 사람들에게 장애가 있다는 것을 표현하기 위해 어떻게 왜곡하는지를 짐작하기란 어렵다. 꾀병 환자는 도형이 단순하기 때문에 혼란스럽고 함정에 빠지기 쉽다. 예를 들면 기질적 손상이 있는 환자, 특히 선천적으로 지체가 있는 환자는 일반적으로 마름모를 잘 그릴 수 없다. 그러나 최근에 신경학적 손상(예, 병이나 외상)을 입은 환자는 그런대로 마름모답게 도형을 그린다. 후자의 경우, 기질적 원인에 따른 왜곡은 3, 7, 8번 도형에서 주로 나타난다. 기질적 손상이 있는 환자는 난이도 수준에 상관없이 도형을 심하게 왜곡하지만, 꾀병 환자는 도형을 겹쳐 그리거나 충돌해서 그리지 않는다. 보통 상해 소송의 경우 이런 그림이 나타나는데 왜곡은 있지만 대체로 도형을 깨끗하고 순서대로 그린다. 이것은 심하게 와해되어 있고 지남력이 손상되어 있는 사람과 비교하면 "배치"라는 측면에서 놀라운 조직화를 보인다. 또한 꾀병 환자의 그림은 위에서부터 아래로, 왼쪽에서부터 오른쪽으로 일관성 있게 체계화되어 있다. 그러나 똑같은 지시를 받은 기질적 손상 환자는 순서가 혼란스럽다. 이런 체계화 과정의 예는 BGT(1928, p.151, 그림 70과 71)에서도 나타나는데, 효율이 감소되었음을 애써 나타내려는 의도적 왜곡은 오히려 개별 도형을 주의 깊게 배열하고 분리한다는 점에서 피검자가 감정을 통제할 수 있음을 보여준다. 대개 꾀병 환자는 BGT와 다른 투사검사에 대해 언어 반응을 선호하는데, 이는 검사를 조절하는 것이 용이하지 않다고 느끼기 때문이다.

카드 위에 용지를 놓고 각 도형을 따라 그리려고 해도 정확하게 그리기란 쉽지 않다. 연필을 눌러쓰는 것, 여백의 선택, 지우개 사용, 그리고 실수는 피검자가 자신이 무엇을 "말하고 있는지"를 인식하지 못하기 때문에 유용하다.

종종 검사의 마지막에 개별 카드 또는 카드 전부를 다시 그려보라고 하는 것이 도움이 될 때가 있다. 검사자가 느끼기에 처음에

모사를 무비판적으로 수행했다고 생각될 때나 "기질적" 결함을 관찰했을 때는 도형을 다시 그려보게 한다. 최소한 문제시되는 개별 카드만이라도 한계검증을 함으로써 "기질적" 손상의 가능성을 배제하거나 확증할 수 있다. 기질적 손상이 있는 사람은 기껏해야 수행이 약간 향상된다. 그러나 충동적이고 무비판적인 피검자는 도형을 다시 그리라고 하면 두드러진 향상을 보인다. BGT 도형을 다시 그리라고 요구하는 것은 비판을 암시하는 것으로 볼 수 있다. 개인에게 분노 표현은 연필을 눌러쓰는 것에서도 나타난다.

한 번 이상의 검사 회기가 계획되어 있다면 검사의 마지막에 BGT를 다시 할 것인가를 고려해야 한다. BGT의 이점 중 하나는 검사를 빨리 끝낼 수 있다는 것이다. 전체 BGT를 다시 하는 것은 검사에 대한 피검자의 반응이라는 추가 정보를 제공한다. 두 번째 검사를 할 때는 불안이 감소한다. 그리고 도형 내의 변화는 역동에 관해 더 많은 정보를 준다.

검사 재시행이 가지는 다른 이점은 두 시행에서 똑같은 실수가 무의식적, 병전 기능의 본래의 표상을 반영하고 있을 가능성을 높여준다는 것이다. 항상 그런 것은 아니지만, 많은 사례가 그런 것 같다. 그러나 도형을 똑같이 모사하는 사람은 없고, 개인 간 차이가 얼마든지 있기 때문에 BGT 검사 재수행을 해석하는 것은 현명하게 해야 하고 개별 임상가의 판단에 따라 이루어져야 한다.

도형 간의 상호 관계에 대한 해석과 사례 분석은 아래에 제시했다.

첫 번째 사례는 15세 소년의 것이다(그림 12.1). 그는 "학교에서 성적이 뛰어나고 과제 수행도 좋았다." 각 BGT 도형의 형태질도 효율적이었다. 역동에 대한 주요 해석의 정보원은 A, 3, 4번 카드를 역전시키고, 5, 7번 카드를 회전하고, 도형을 용지의 오른쪽에 그렸지만, 왜곡이 최소한으로 일어났다는 것이다. 도형의 역전과 회전, 그리고 도형을 용지의 오른쪽에서 왼쪽으로 그린 것은 이 소년이 부정적이고 반항적이라는 것을 시사한다. 덧붙여, 용지의 오른쪽에 도형을 그린 것은 우울 상태에 있음을 나타내며 이는 심리치료가 필요하다는 것을 보여준다.

이 그림을 볼 때 소년은 똑똑하고 유능했지만 학교에서는 효과적으로 기능하지 못했다. 도형 배치는 그림에서도 볼 수 있듯이 우울이 시사되었다. 예를 들면, 2번 도형은 첫 번째 점을 덧칠했고, 6번 도형은 정서선을 인위적으로 강조했다. 5번 도형을 회전시킨 것은 거부증을 나타낸다. 적개심의 상징인 수직선이 위로 뻗은 것과 지우개를 사용한 것은 비효율적이고, 강박적이며, 충동적인 형태의 분노와 혼란을 의미한다. 5번 카드에서 점의 형태에 변형이 있는 것은 소년이 양육 상실에 대한 느낌을 경험하고 있음을 보여준다. 아울러 소년은 거부증과 일치하게 도형을 회전시켜 그렸다. 6번 수직선은 5번 카드의 남근 상징 영역으로 향해 있는데, 이것은 분노가 어머니보다는 아버지를 향하고 있음을 나타낸다. 다른 투사검사에서 함께 해석한 부분은 이 소년에게 성인 남성 역할 요구에 대한 관심이 증가하고 있다는 것이다. 7, 8번 도형은 다른 도형보다 진하게 그렸고, 8번 도형은 확장되어 있다. 8번 도형 가운데 마름모는 끝이 열려진 채 마무리되지 않았는데, 이는 증가하는 리비도의 압력, 특히 어머니를 향한 관심과 일치한다.

이러한 해석이 최소한의 왜곡에 근거한 것으로 보이지만, 임상적 타당성이 여러 해에 걸쳐 확인되었다. 이 사례에서 3번 도형을 반대 방향으로 그린 것은 강한 분노와 함께 방어를 위협하는 리비도의 동요와 학업과 대인관계 문제를 나타낸다.

이것이 전체적으로 체계화되고 통합된 개인의 그림이라는 것은 분명하다. 아울러 기질적 손상과 정신증에 대한 뚜렷한 지표는 없는데, 이것은 다른 투사 반응과 임상 자료에서도 확인되었다.

두 번째 사례는 16세 2개월 된 입원한 소녀의 그림이다(그림 12.2a). 그리고 이 그림을 입원한 상태에서 16세 11개월 때의 그림과 비교해 보았다(그림 12.2b). 첫 번째 BGT 도형의(그림 12.2a) 질은 괜찮았지만, 2번 도형이 1번 도형을 향해 올라가고 있어 진단적 유의성이 있었다. 4번 도형에서 남성상의 강조는 리비도의 혼란을 나타내고, 6번 도형의 정서선이 상승한 것은 무능력을 보여준다. 이 것은 소녀가 정서적 충동에 대해 효과적으로 통제하지 못하고 있음을 시사한다. 소녀는 입원치료가 필요할 만큼 혼란스러웠다.

그녀가 두 번째 검사에서 선을 그려 각 도형을 분리한 것은 "논리 정연한 구분"을 유지하려는 시도를 나타내지만 효율적이지 못했다(그림 12.2b). 그 이유는 여전히 왜곡이 존재하기 때문이었다. 중요한 것은 2번 도형을 완성하지 못했다는 것이다. 소녀는 세 개로 짝 지은 여덟 개의 동그라미를 그렸다. 이는 입원 후에도 통제를 유지하는데 그녀의 효율성이 향상되지 않았음을 반영한다.* 그녀의 심한 우울은 2번 도형을 완성하지 못한 것에서 나타났다. 4번 카드의 대인관계 상징에서 여성 부분을 희미하게 그린 것과 6번 카드를 왜곡해서 그린 것은 현재 우울이 있음을 의미한다. 7, 8번 도형에서 리비도의 혼란이 있음을 볼 수 있다. 그것은 8번 도형의 끝을 강조한 것과 여성 상징을 강조한 것에서도 드러난다. 중요한 것은 6번 카드를 다루는 데 있어서의 차이인데 의존 상징의 지표에서 필압이 점점 가벼워졌다. 이는 "누군가에게 자신이 원하는"

---

* 책의 원문에는 "Her reproduction consisted of eight series of three circles paired up, suggesting reduced effectiveness in maintaining controls even after the long hospitalization." 되어 있다. 역자가 원문에 맞게 번역하였으나 p. 120에 그림 12.2b의 도형에는 세 개로 짝 지은 열 한 개의 그림이 그려져 있다. 아마 저자의 실수인 것으로 보인다.

존재이고자 하는 관심을 반영한다. BGT 수행은 다른 투사검사와 임상 관찰과도 일치했다. 첫 번째 검사와 두 번째 검사에서 나타난 변화는 임상적으로 타당화되었다.

세 번째 사례는 7세 소년의 그림이다(그림 12.3). 이 프로토콜은 BGT 검사 해석의 효율성 검토를 위해 "맹목검사"로 얻은 것이다. 검사는 몇 년 전에 실시했고, 검사 환경의 중요성 때문에 과거력은 알려주지 않은 채 BGT 그림만을 토대로 평가를 실시했다. 그림을 검토한 후 저자는 소년이 초기 리비도의 압력이 강화되었기 때문에 심리치료를 하지 않으면 여성에게 위험하다고 해석했었다.

용지의 위쪽을 사용한 것과 2, 4번 도형의 왜곡을 볼 때, 정서적 혼란이 시사된다. 4번 도형 모사에서 의식적 정서와 거세된 남성 상징은 어머니상을 향해 분노를 표출하고 있다. 8번 도형에서 증가된 필압을 볼 때, 여성상을 향한 분노와 공격성이 강조되고 있다. 6번 도형의 수직적인 공격성 상징은 심화된 분노를 반영한다. 첫 번째 수행의 전체적 인상은 심하게 혼란되어 있고 잠재적 위험성을 내포하고 있는데, 어머니에 대한 분노는 실제적 위협을 나타내었다.

이 소년에게 중요한 것은 A번 카드에서 어머니를 상징하는 도형이 아래로 확장된 것인데, 이것은 어머니가 남성적이고, 압도적이고, 공격적임을 시사한다. 비록 아버지 도형이 상승되었지만, 아버지의 수동성은 소년의 발달에 중요한 요인이 된 것 같다. 소년은 부모에 대한 존경이 없다고 가설을 세워 볼 수 있다. 2번 도형을 그리는 방식은 빈약한 충동 통제를 나타내는데, 우울이 시사되었다. 어느 정도 자기비판 능력은 있지만, 충동 통제가 원시적이고 감정적 상황에서는 통제력을 상실할 가능성이 있다. 그의 분노는 커지고, 2번 도형의 왜곡은 조현병, 그리고 죄책감이나 뉘우침 없는 행동의 표출을 의미한다. 통제력을 유지하는데 어려움이 있고,

조현병으로 발전할 가능성도 있다. 3번 도형의 그림은 기질성 손상과 성적 혼란을 보여준다. 그는 성과 공격성을 혼동하고 있고, 사춘기 무렵에 여성에게 위험한 존재가 될 수 있다는 가설을 세워볼 수 있다.

대인관계 카드인 4번 도형은 소년이 사회적으로 고립되어 있고, 대인관계에 흥미가 없거나 공감이 부족함을 나타낸다. 그는 아버지를 수동적이고 여성적인 사람으로 보고 있는데, 이는 남성성 모양(상자)의 왜곡과 어머니를 우세하고 철수된 사람으로 보고 있다는 점에서 알 수 있다. 그는 부모를 독립된 인물로 인식하지 못하고 있고, 도형 간의 간격은 양육에서 뿌리 깊은 혼란을 반영한다.

5번 카드에서 가슴 영역의 첫 번째 점과 두 번째 점 사이에 분리가 있는 것은 유아기에 어머니와 분리된 경험이 있었음을 시사한다. 5번 카드의 남근선 부분을 점 대신 사선으로 그린 것은 과도한 리비도의 압력과 행동 표출 가능성, 성과 공격성의 혼란으로 해석할 수 있다. 남근선에서 일곱 번째 점이 생략된 것은 거세 공포와 자기 개념의 결핍을 반영한다.

6, 7, 8번 카드에서는 여성에 대한 공격성과 위협이 시사되었다. 검사를 실시할 당시 소년은 겨우 7세였기 때문에 여성을 향한 행동표출의 위험은 극단적인 것으로 보인다. 치료 동기가 있다고 생각되면 이 가능성을 다루어야 할 것이다. BGT에 대한 검사자의 평가 결과는 놀라울 정도로 정확했다. 실제로 이 소년은 초기 청소년기에 모친 살해 혐의로 유죄판결을 받았다.

네 번째 사례는 성폭력으로 기소된 37세 남성이 그린 것이다(그림 12.4). 4번 도형의 남성성 영역을 강조한 것과 7, 8번 도형의 왜곡은 이 피검자의 남성성에 대한 관심과 일치한다. 게다가 정서선이 밋밋하고, 적대감선은 삐뚤어져 있다. 7번 도형의 적대감선은 왼쪽에 강조를 두었다. 특히, 어머니에 대한 의존과 여성에 대한 공포를 강조했는데, 이는 피검자가 아동을 괴롭혀 기소된 것과도 일치한다. 그는 유죄판결을 받고 교도소에 수감되었다. 그의 BGT는 혼란스러운 부분이 있었고, 다른 투사검사와의 일치가 이를 확인해 주었다.

다섯 번째 사례는 30세 여성의 그림이다(그림 12.5). 그녀가 그린 3번 도형에 대한 관계는 앞서 논의했었다. 도형의 전체 구성과 충돌은 관념화의 혼란을 시사한다. A번 도형을 분리해서 그린 것은 어머니가 비양육적이고 적대적임을, 그리고 아버지가 충동적이고 부재함을 시사하는데 이것은 임상적으로도 확인되었다. 인위적인 제한과 충돌은 그녀가 충동적이고, 행동을 통제하지 못해 화가 나 있는 사람임을 시사한다. 이것은 3번 카드에서 점을 동그라미로 그린 것에서도 나타났다. 실제로 그녀는 방화 혐의로 체포되었고, 심리기간 동안 교도소에서 심리평가가 의뢰되었다.

이 여성의 BGT 도형 간의 관계는 혼란의 정도를 보여주는데, 특히 부모 도형에서 그러하다. 7번 도형이 5번 도형의 가슴 영역으로 관입한 것, 5번 도형에서 남성 영역이 2번 도형으로 관입한 것, 그리고 1번과 3번 도형에서 점을 동그라미로 그린 것 모두, 행동 표출 경향이 있을 법한 개인에게 정신병적 과정이 진행 중임을 시사한다(그녀는 후에 방화죄로 유죄판결을 받았다).

특히 여성 도형에서 대인관계 상징을 다루는 방식은 그녀가 이성과의 관계에서 복종적이고 수동적인 경향이 있음을 나타낸다. 아버지상(A번 카드)이 정서상(2번 카드)으로 확장된 것과 축소되고 거세된 남근상(5번 카드)은 성학대 경험의 가능성이 시사되지만, 이것은 임상적으로 확인되지는 않았다.

여섯 번째 사례는 29세 남성의 것이다(그림 12.6). 전체 BGT 프로토콜은 두 가지 이유 때문에 중요하다. 강한 필압으로 신중하게 그린 그림은 정서를 통제하려는 노력을 시사한다. 게다가 4번 도형의 크기가 축소된 것은 남성 기능의 갈등을 의미한다. 또한 받아들일 수 없는 리비도의 압력을 강박적으로 방어하고 있음을 나타낸다. 그는 군복무 동안 힘이 들었고, 군복무를 마친 후 입원하게 되었다. 그는 BGT 뿐 아니라 다른 검사에서도 신중하고, 연약하고, 강박적인 사람으로 나타났다. 하지만, 절제된 방식으로 행동하려는 시도가 압력 때문에 실패한 후 반사회적 행동에 몰두했다. 도형 간의 관계라는 측면에서 피검자는 불안하고 우울했기 때문에 심리치료가 필요했다. 그의 방어는 비효율적이었고, 지능이 높았지만 심리치료가 없었다면 제대로 기능할 수 없었을 것이다.

요약하면, 우리의 체계는 다른 투사평가와 전체 BGT 도형 간의 상호 관련성뿐 아니라 다양한 BGT 그림 간의 상호 관련성도 중요하게 생각한다. 매뉴얼의 해석은 여러 해를 거듭하면서 일관되게 확인할 수 있었다. BGT가 제시하는 정신역동적 자료는 덜 사용되어 왔다. 개인에게 숨겨진 압력이라는 개념은 저자들이 강조할 필요가 없을 만큼 중요하다. 분석 방법에 익숙한 임상가라면 이 개념을 활용하는 데 어려움이 없을 것이다. 유능한 임상가가 되려면 BGT에서 왜곡에 대한 임상 지식을 습득하는 것이 중요하다. 절충적이고 지지적인 임상가는 이 해석 체계가 유용하다는 것을 알 것이다. 이전 체계는 상당히 넓은 범위의 이론적 지향을 가지고 임상가들이 사용해 왔다. 반면, 본 체계의 역동적 상징화는 쉽게 이해되고 직접적인 특성이 있다.

그림 12.1   15세 소년이 그린 도형 간의 상호 관계(50% 축소)

그림 12.1(계속)   15세 소년이 그린 도형간의 상호 관계(50% 축소)

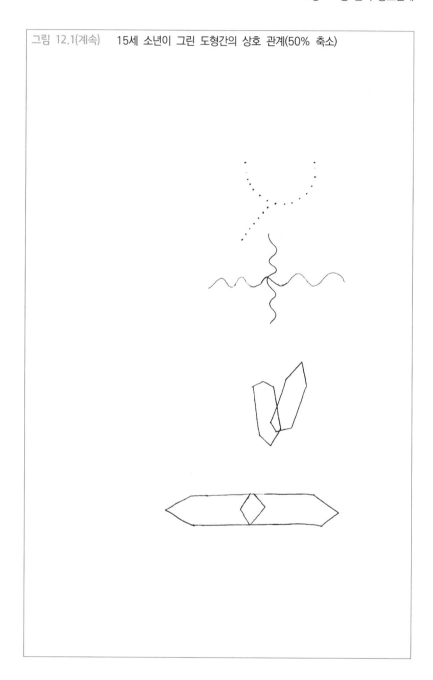

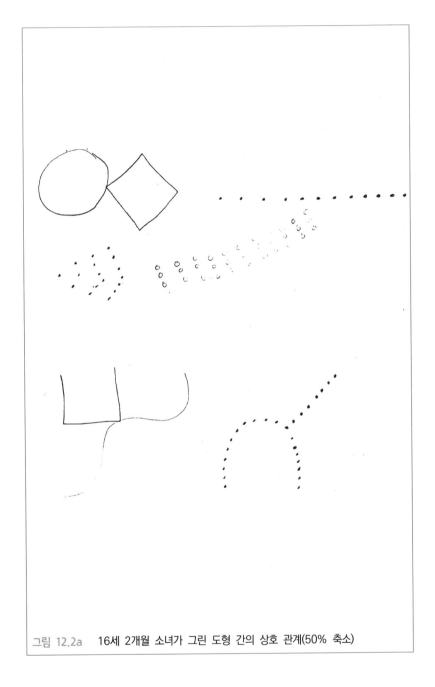

그림 12.2a   16세 2개월 소녀가 그린 도형 간의 상호 관계(50% 축소)

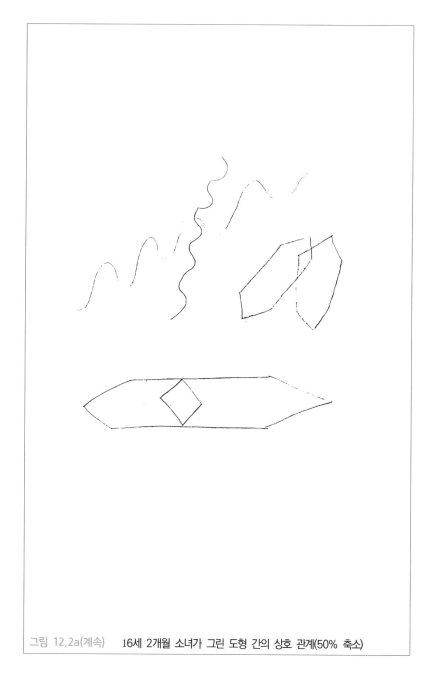

그림 12.2a(계속) 16세 2개월 소녀가 그린 도형 간의 상호 관계(50% 축소)

그림 12.2b   16세 11개월 소녀가 그린 도형 간의 상호 관계(50% 축소)

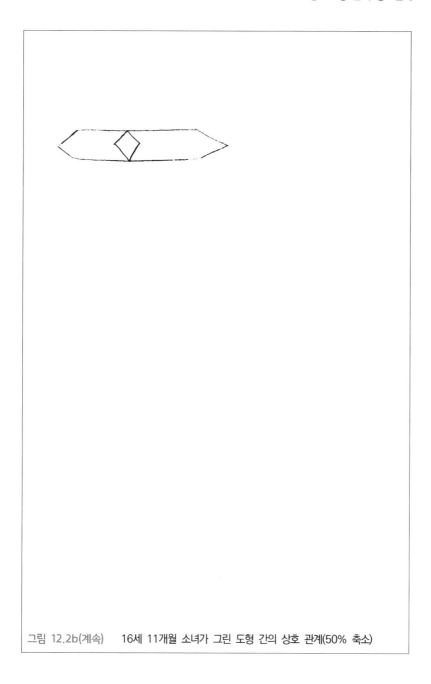

그림 12.2b(계속)　16세 11개월 소녀가 그린 도형 간의 상호 관계(50% 축소)

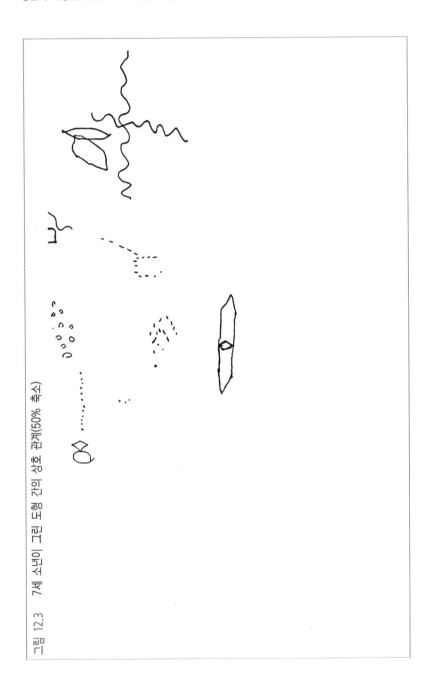

그림 12.3 7세 소년이 그린 도형 간의 상호 관계(50% 축소)

그림 12.4   37세 남성이 그린 도형 간의 상호 관계(50% 축소)

그림 12.4(계속)   37세 남성이 그린 도형 간의 상호 관계(50% 축소)

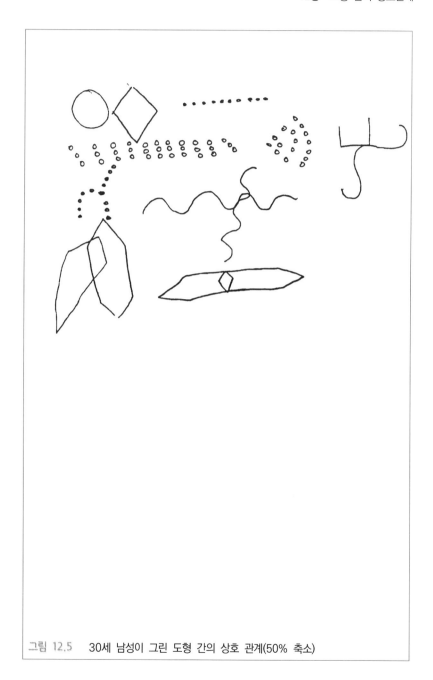

그림 12.5   30세 남성이 그린 도형 간의 상호 관계(50% 축소)

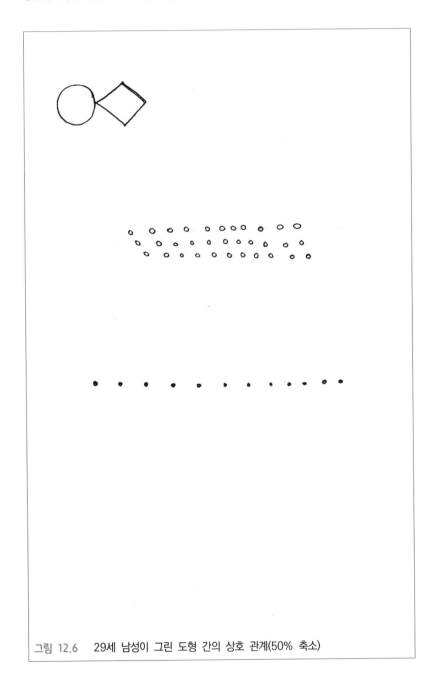

그림 12.6   29세 남성이 그린 도형 간의 상호 관계(50% 축소)

그림 12.6(계속)   29세 남성이 그린 도형 간의 상호 관계(50% 축소)

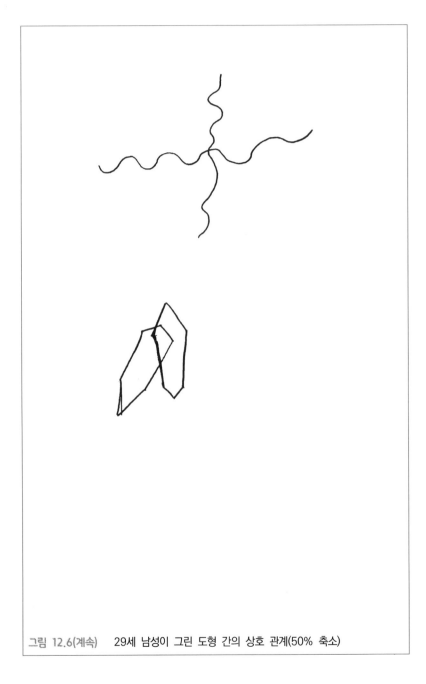

그림 12.6(계속)   29세 남성이 그린 도형 간의 상호 관계(50% 축소)

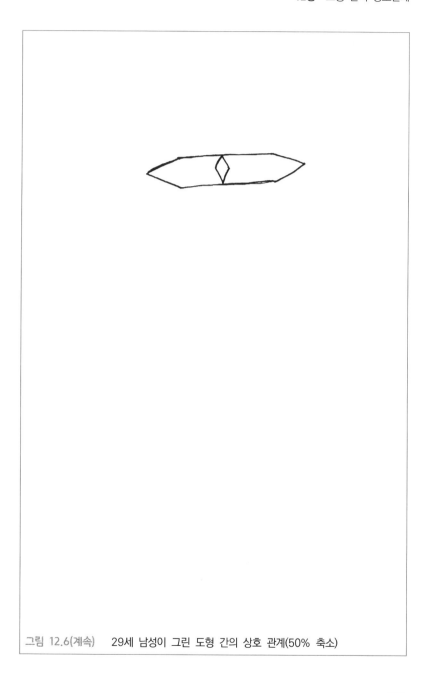

그림 12.6(계속) 29세 남성이 그린 도형 간의 상호 관계(50% 축소)

질 문

1. 꾀병 환자와 대뇌 기질성 환자를 감별할 수 있는 방법은?

   a. 지남력 상실

   b. 일치하지 않는 그림 형태

   c. 근면성

   d. 위 어느 것도 해당되지 않는다.

2. 각 도형을 따라 그린 것의 상호 관계성은?

   a. 꾀병 환자를 구별하는 데 도움이 된다.

   b. 의심의 여지가 있는 정신병리의 교차 타당화 역할을 한다.

   c. 신경학적 손상을 확인하는 데 유용하다.

   d. 위 어느 것도 해당되지 않는다.

3. 각 도형을 반복해서 그린 것은?

   a. 연습효과로 오염이 되었기 때문에 유용하지 않다.

   b. 다음 도형을 모사하기 전에 실시하는 것이 유용하다.

   c. 신경학적 손상을 배제할 수 있다.

   d. 위 어느 것도 해당되지 않는다.

4. 오른손잡이의 경우 오른쪽에서 왼쪽으로 그리는 것이 시사하는 바는?

   a. 소아에 대한 이상 성욕

   b. 지나친 거부증

   c. 강박적 경향

   d. 전두엽 손상

13장

연 구

개념적 영역과 추상적 영역에서 과학적 연구는 한 세기 넘게 모든 근대 국가에서 실시되어 왔다. 성격평가에서 투사검사는 오랜 역사를 가지고 있다. 그러나 로르샤하처럼, BGT는 연구자들에게 실망을 주었다. 특히, 심리평가의 원리를 엄격하게 적용해 온 이들에게 BGT는 만족스럽지 못했다(Exner, 1986). 다행히도 BGT, 로르샤하, HTP 같은 투사검사는 광범위하게 연구되었고, 훈련받은 전문가들이 적절하게 사용한다면 타당하고, 신뢰롭고, 안정성이 있는 것으로 밝혀졌다.

BGT는 4가지 주요 해석 체계가 발전되어 왔는데, Bender(1938), Hutt(1969), Koppitz(1963), Pascal과 Suttell(1951)의 체계가 그것이다. 이들 체계는 이론적 접근에 기초해 발전했고, 타당도와 신뢰도 입증이 부족했다. 그러나 BGT는 정신건강센터에서 외래환자를 검사할 때 세 번째로 많이 사용되었고(Piotrowski, 1985), 입원환자의 신경심리검사로도 널리 쓰이고 있다(Craig, 1979).

현재는 BGT를 해석하는 새로운 방법이 적용되고 있다. BGT가 새로운 검사가 아니라는 것은 분명하다. 그러나 우리가 진행 중인 연구는 심리검사배터리에 대해 강력하고 바람직한 내용을 추가할 수 있을 것 같다. Piotrowski의 연구(1985)에 따르면, 정신건강센터에서 외래환자를 검사하는데 BGT가 세 번째로 많이 사용되는 검사-첫 번째는 MMPI이고 두 번째는 WAIS-임에도 불구하고, 대부분의 임상가는 BGT의 잠재력을 잘 모르고 있다. 예를 들어, "학교 심리학자의 투사검사 사용(The Use of Projective Assessment by School Psychologists)(Vukovich, 1983)"에 따르면 BGT는 자주 쓰기는 하지만, 성격이나 자기개념을 평가하는데 사용되지는 않고 있다. 이것은 많은 임상가들이 성격검사로서 투사검사의 타당성을 인식하지 못하고 있다는 것을 의미한다(Karon, 1978). 그리고 아동과 성인에 대한 성격평가로서 BGT의 타당도 연구에 익숙하지 않기 때문으로 생각된다.

성인을 대상으로 정서 혼란을 알아보는 선별검사로서 BGT는 유용한 접근법이 된다고 알려져 있다(Belter 등, 1989). Edward Rossini와 Joseph Kasper(1987)의 연구는 Koppitz의 방법으로 BGT를 사용했을 때, 적응장애와 행동장애 집단을 변별하지 못했지만, 7~9세 아동을 세 가지 진단군-적응장애, 행동장애, 정상 통제집단-으로 나눈 정서적 지표로서는 공존 타당도가 있었다. 이 연구는 성격평가 방법으로서 BGT의 광범위한 사용을 지지하는 것으로 보인다.

성격평가로서 BGT의 사용은 Hutt와 Briskin(1960)이 연구했다. 그들은 19개 변인의 정신병리 척도를 개발했다. 이것은 10세 이상의 개인에게 유용했다. 이는 이후에 16세 이상으로 수정되었다(Hutt와 Dates, 1977). 두 명의 숙련된 평가자가 조현병 환자 100명을 대상으로 한 채점자 간 신뢰도는 96%였다(Hutt, 1969). 1977년에 세 명의 평가자가 남성 비행범에 대해 채점했을 때 치료 전에는 91%, 40주 치료 후에는 95%의 채점자 간 신뢰도가 있었다(Hutt와 Dates, 1977).

David Schretlen과 Hal Arkowitz(1990)는 BGT를 포함한 검사배터리로 꾀병을 탐지할 수 있는 방법을 연구했다. 그들은 수감자,

범죄력이 없는 정신건강의학과 환자, 그리고 정신지체 남성 피검자의 92~95%를 정확하게 분류할 수 있었다.

1980년대 중반부터 투사검사 전문가들(Weiner, 1986; Balatt, 1986; Hertz, 1986)은 통계에 기초한 연구의 제한점에 관해 논의하기 시작했다. 그들은 심리평가 기법을 활용한 개념 연구의 개발과 탐색의 필요성을 지적하면서, 실험 검사 반응과 개인의 고유한 검사 반응에 대한 연구의 필요성을 제기했다.

성격평가학회장이었던 Sidney Baltt는 "심리학에서 새롭게 출현하는 개념적 이론적 지향이 의미를 가지기 위해서는 개인의 특징을 연구해야 한다."라고 했다. 그리고 성격평가의 유명한 권위자인 Weiner는 Blatt의 말을 재인용했다. Weiner는 로르샤하 검사에 대한 개념적 접근은 BGT 같은 다른 지각 검사에도 적용될 수 있다고 했다. 그는 이렇게 말했다. "개념적으로 지향된 임상가들은 '어떻게'와 '무엇'을 고려하는 것에 더하여 '왜'라는 질문을 해야 한다. 이러한 질문을 함으로써 개념적 접근은 로르샤하 전문가들을 경험적 관계의 인식을 넘어 검증되고 검증되지 않은 행동의 이론적 개념화에 대한 탐색으로 이끌 것이다."

미국의 로르샤하 전문가인 Marguerite Hertz(1986)는 앞으로 로르샤하 검사 연구의 방향(BGT나 다른 심리검사에도 적용할 수 있는)에 대해 다음과 같이 말했다.

> 직관적인 임상 과정과 판단 양식은 그 자체가 연구 대상이다. 임상 판단의 정확성을 향상시키기 위한 방법 또한 고안되어 왔다. 우리는 로르샤하의 관념론과 기술을 체계화하고 의사소통하는 방법과 유사한 연구설계를 고안해 내기를 바란다. 프로토콜의 질적인 측면, 사용되는 단서, 그리고 추론을 면밀하게 정의하고, 다른 사람에게 확실하게 전달하

면 임상과 연구에서 이를 생산적으로 사용할 수 있을 것이다. 검사 점수와 패턴이 맥락 변인과 관련 있다는 인식이 증가하고 있다. 그리고 이런 상호작용의 특성을 고려하지 않으면, 행동을 기술하거나 예상할 수 없다. 더욱이 로르샤하 프로토콜에서 유추된 성격의 의미는 점수나 유형, 군집이나 공식 어느 하나만을 이용해서 얻을 수 없다. (p. 408)

현재 연구자들은 다변량 통계 분석 같은 추상적인 개념화 기법을 이용하여 성격특질 같은 추상개념을 양화시킬 때 생기는 문제점을 알고 있다. 그 한계에도 불구하고 성격평가의 신뢰도와 타당도는 필요한 부분이다.

의심의 여지없이 연구자들은 우리의 방법론적, 이론적, 통계적 접근을 받아들이면서 도전할 것이다. 우리는 그들의 관심과 의견을 환영한다. Karon(1978)의 논문 "투사검사는 타당하다(Projective Tests are valid)"는 우리의 입장을 지지하고 있다. 투사검사에 관한 여러 연구에 따르면, 연구자가 적절한 통계 모델을 사용하고 검사자가 충분한 훈련 경험이 있다면, 투사검사는 타당하고 신뢰로울 것이다. 우리의 접근은 평균 15년 이상 경험이 있는 임상가가 실시한 것이다.

객관성을 위해 Miami대학의 Herbert M. Dandes가 이끄는 연구 그룹은 본 체계를 독립적으로 평가했다. 다음은 완성된 두 연구에 대한 개요이다. 현재 진행 중인 다른 4가지의 연구와 함께 이 연구에 대한 내용은 부록 I, II, III에 제시했다. 4가지 연구가 끝나면 우리 체계의 객관성, 타당도, 신뢰도를 사용 할 수 있을 것이다.

우리는 정신역동적 해석 체계의 타당도를 연구했다. 본 저자들은 피검자의 성격과 발달 특질을 평가하는 41개 항목의 평정척도를 개발했다. 8명의 지역사회 심리학자와 정신건강의학과 의사에게 자신의 환자 중 2명의 BGT 프로토콜을 부탁했다. 치료자는 환자에 대해 역동적으로 잘 이해하고 있고, BGT 프로토콜을 사용할 수 있는 환자를 선택했다. 치료자 또한 환자에 대해 자신이 알고 있는 지식에 근거해 41개 항목의 평정척도를 완성했다.

8명 중 5명의 치료자가 자료를 보내 왔다. 이후에 저자들은 환자의 BGT 프로토콜, 나이, 성별만으로 평정척도를 완성했다. 맹목분석으로 알려진 이 방법은 성격평가에서 오래되고 인정할만한 역사가 있다(Exner, 1986; Beck, 1960; Piotrowski, 1957/1965; Rapaport와 Schafer, 1946; Klopfer, 1954). Pearson의 적률상관계수를 이용하여 치료자의 평정치와 BGT 해석을 비교했을 때, 10개의 상관 중 8개에서 .05 수준 이상의 통계적 유의성이 있었다. 10개 중 6개는 .50을 넘었는데, 이것은 널리 사용되는 다른 성격평가의 타당도 계수와 비교할만 했다.

이 체계의 신뢰도 연구를 위해 BGT 프로토콜 중 4개를 무선적으로 선택하여 저자들에게 제시했다. 저자들은 41개 항목의 평정척도를 완성했다. 각 평정자 간 신뢰도는 .86, .72, .68, .65이었는데 이들 모두 .005 수준에서 통계적으로 유의했다.

두 번째 연구에서는 교수법과 채점자 간 신뢰도를 검토했다. 저자들은 112개 항목의 체크리스트, 즉 "채점지수"를 개발했는데, 각각은 독자적인 해석 체계를 가지고 있다. 112개 항목은 41개 항목 평정척도 중 하나 이상과 연결되어 있다. 우리는 박사 과정 학생 5명에게 이 채점 방법을 가르쳤다. 그런 다음 학생들은 두 BGT 중 하나를 가지고 이 프로토콜에 대해 112개 항목 척도와 41개 항목 척도를 평정했다. 그런 다음 저자들은 동일한 BGT 프로토콜을 독립적으로 채점했다.

112개 항목 척도에 대한 학생과 저자의 채점은 81~90% 일치했다. 41개 항목 척도에 대해서는 일치도가 80~93%에 달했다. 이는 정신역동적 해석 체계를 신속하고 효과적으로 가르칠 수 있고, 높은 수준의 평정자 간 신뢰도를 얻을 수 있다는 것을 의미한다.

앞서 이야기 했듯이 이 연구 결과가 결론적인 것은 아니며, 이 해석 체계가 새롭고 "독립적인" 해석 체계라는 인상을 주려는 의도도 없다. 우리의 체계는 성격 특질과 같은 추상적 개념을 평가하고자 하는 사람들에게 유용한 도구로 사용될 수 있을 것이다. 이 해석 체계는 검사배터리에 균형 있는 심리평가가 뒷받침되면, 초기 "지도"나 안내 지침으로 유용할 것이다. 이 해석 체계를 전술한 방식으로 사용하면, 의도적이거나 계획적이고 우연히 잘못된 해석을 줄일 수 있을 것이다.

"검사배터리" 접근을 지지하거나 반대하는 논쟁을 생각해 볼 때 (Rapaport와 동료들, 1945), 75% 이상에서 중요한 문제(예, 자살)를 제대로 탐지하는 검사가 없었다는 사실을 명심해야 한다. 로르샤하의 "자살지표"에 대해 John Exner와 Joyce Wylie(1977)는 로르샤하가 "59개 자살 사례 중 44사례(75%)는 정확하게 식별했지만, 50개의 우울증 사례 중에는 10사례(20%)를, 정신분석적 사례 중에는 6사례(12%)를 환자가 아닌 사람으로 오긍정(false positive)했다."는 것을 발견했다(p. 346). 유사하게, 조현병 예측에 있어서는 5변인 준거를 사용했을 때 조현병 환자의 76%를 정확하게 식별했다. 4변인을 사용했을 때는 87%를 정확하게 찾아내었고, 비조현병 환자의 9%가 조현병으로 잘못 식별되었다(Exner, 1981, 1983).

개인의 특질을 가능한 정확하게 알아내는 것은 검사자의 책임이다. 우리는 검사배터리 접근을 지지하지만 대안적인 접근도 유용하다는 것을 알고 있다.

투사검사에 대해 객관적이고 편파되지 않은 연구를 해야 할 필요가 있다. 투사검사를 "비과학적인 것"이라고 무시하는 것은 도움이 되지 않는다. 기존에 있는 어떤 이론적 접근도 성격평가의 복잡성을 완벽하게 변별해 내지 못하기 때문에, 연구자는 기꺼이 대안을 고려해야 한다. BGT와 로르샤하 같은 범이론적이고 개방적인 심리검사는 오랫동안 검증받아 왔고, 앞으로도 인간 특질을 평가하는데 가치 있는 도구가 될 것이다. 다가오는 21세기에는 개념적 연구를 더 정교하게 해야 할 것이다.

질문에 대한 정답

A번 카드	3번 카드	6번 카드
1. d	1. d	1. b
2. c	2. b	2. c
3. d	3. a	3. a
4. c	4. d	4. c

1번 카드	4번 카드	7번 카드
1. d	1. b	1. b
2. c	2. a	2. b
3. d	3. c	3. d
4. a	4. b	4. a

2번 카드	5번 카드	8번 카드
1. c	1. d	1. d
2. d	2. a	2. c
3. c	3. c	3. d
4. d	4. d	4. a

상호관계
1. b
2. d
3. c
4. b

Bender Gestalt Test 해석 체계에 대한 Reichenberg-Raphael(R-R)의 연구

1. Reichenberg-Raphael 해석 체계의 타당도와 검사자 간 신뢰도에 관한 예비 연구: 일반 해설서 vs 임상가의 판단 비교. 1990년 12월 완료(단원 1 참고).
2. Reichenberg-Raphael 해석 체계의 교육 용이성과 검사자 간 신뢰도. 1991년 3월 완료(단원 2 참고).
3. Bender Gestalt Reichenberg-Raphael 해석 체계의 타당도: 일반 해설서 vs 임상가의 판단 비교(각 항목별로). 자료 수집 단계(단원 3 참고).
4. Bender Gestalt Reichenberg-Raphael 해석 체계의 타당도: 정상 표본 vs 정신병리 표본. 시작일 1991년 4월 1일(단원 4 참고).
5. Bender Gestalt Reichenberg-Raphael 해석 체계의 공인타당도: 해설서와 MMPI 비교. 시작일 1991년 4월 1일(단원 4 참고).
6. Bender Gestalt R-R 해석 체계 요인 구조. 시작일 1991년 4월 1일.

1991년 3월 8일 현재 연구의 요약

첫 번째 연구는 해석 체계의 타당도와 검사자 간 신뢰도를 검증했다. 타당도는 41개 항목 평정척도에 대한 '임상가의 판단과 저자의 해석 판단' 간의 상관관계를 통해 구했다. 8/10의 신뢰도 계수는 .05 수준에서 유의했고, 6/10에서는 .005 수준으로 유의했다. 계수 범위는 -.01~.69였다. 검사자 간 신뢰도를 산출하기 위해 41개 항목 평정척도로 4가지 세트를 독립적으로 평정했다. 측정 범위 간 상관관계는 .65~.86이었다. 본 연구는 이 체계가 믿을만하고 유효하지만, 앞으로 연구가 더 필요하다는 것을 보여준다.

두 번째 연구는 R-R 체계의 교육 용이성을 검증했다. 저자들은 Bender 도형에서 '채점 가능한 초점'의 112개 항목을 개발했고, 각각은 해석이 있으며, 41개 항목 평정척도와 하나 이상 연결되어 있다. 연구 결과는 해석 규칙이 명확하고, 체계를 쉽게 학습할 수 있음을 보여준다. 학생과 저자 간 일치율은 112개 항목 평정척도에서는 81~90%, 41개 항목 평정척도에서는 80~93%였다.

진행 중인 세 번째 연구는 이 해석 체계의 타당도에 대한 것이다. Bender 도형과 41개 항목 평정척도를 전국 심리학자 표본에서 모집했다. 41개 해석의 타당도는 개별적으로 검증할 것이다. 또한, 표본 내에서 '병리 유병률'에 의해 발생한 부분이 있는지 여부를 결정하기 위해 '병리적으로 평가된 피검자의 검사에 대한 상대적 유효성'을 검토할 것이다.

1991년 4월 1일에 시작하는 4번째 연구는 정상 표본과 정신병리 표본을 구분하는 본 해석 체계의 능력을 검증할 것이다. '정상 표본'은 MMPI에서 70T 이상 상승한 임상척도가 없는 집단이고, '정신병리 표본'은 70T 이상 상승한 임상척도가 하나 이상 있는 집단으로 정의한다.

다섯 번째 연구는 Reichenberg-Raphael의 변수와 MMPI 점수 간의 관계를 조사할 것이다. MMPI 척도는 R-R 지표와 유사한 것을 선택할 것이다.

여섯 번째 연구는 Reichenberg-Raphael 해석 체계의 요인 구조를 조사할 것이다. 대학생과 R-R의 자료 표본을 본 연구에서 사용할 것이다. 다음 두 가지 분석이 수행될 것이다. (1) 112개 항목 평정척도의 요인구조가 논리적으로 도출된 41개 항목 평정척도와 부합하는지 여부를 알아볼 것이다. (2) 41개 항목 평정척도는 실제로 41개로 분리되는지 여부를 결정하기 위해 요인분석을 할 것이다.

이 연구가 완료된 후 우리는 Reichenberg-Raphael 해석 체계의 신뢰도와 타당도에 대한 분명한 정보를 얻을 수 있을 것이다. 우리는 3가지 방법(R-R vs 임상가의 판단 / R-R vs MMPI / '정상'과 '정신병리' 표본 간의 차이를 구별할 수 있는 능력)을 통해 공인 타당도를 검증할 것이다. 우리는 항목이 41개 항목 평정척도에 바르게 할당되었는지 여부를 알아보기 위해 112개 항목 평정척도의 요인구조를 살펴볼 것이다. 그리고 이 항목의 독립성을 위해 41개 항목 평정척도의 요인 구조를 검토할 것이다. 또한 명확하고 명시적인 해석 규칙을 요구하는 체계의 '교육 용이성'을 확립할 것이다. 추가 연구에서는 특정 집단에서 이 체계의 활용성을 검토할 계획이다.

단원 1: Bender Visual-Motor Gestalt 도형에 대한 R-R 해석 체계의 타당도 예비 연구

• 목적: 본 연구는 Bender 도형 해석에서 Reichenberg-Raphael 해석 체계의 타당성을 검증하기 위한 것이다. 저자들은 정신역동적 틀 내에서 성격요인을 파악하기 위해 이 해석 체계를 만들었다.

• 방법: 이 해석 체계의 저자(R-R)들은 Bender 도형의 해설서를 만들고자 했다. 이 해설서는 중복되는 부분을 제거하기 위해 수정된 평가 척도로 바꾸었다. 이 척도는 명확성과 성적 중립성을 검토

하기 위해 독립적인 패널들에게 배부했고, 패널들의 개관에 근거하여 개정판을 만들었다. 개정판은 각 항목의 목적 유지를 위해 해석 체계 저자의 승인을 받았다. 저자들은 각 항목에 대해 식별 숫자를 부여했고 최종 평정척도를 만들었다. 이 척도는 41개 항목으로 구성되어 있고, 모든 항목은 대상자의 성격적/발달적 측면을 반영하고 있다(부록 Ⅱ를 보라).

지역사회에서 8명의 치료자와 정신건강의학과 의사 표본을 선정했다. 이 치료자들은 정신역동적 구조에 대해 잘 알고 있었다. 치료자들과는 이메일로 소통했고, 적어도 1년 이상 치료했던 환자 두 명의 Bender 도형을 제출하도록 했다. 치료자가 자신이 잘 알고 있는 환자를 선택할 수 있도록 이 기준을 사용했다. 그리고 환자에 대한 지식에 근거하여 평정척도를 작성하도록 했다. 그리고 도형과 평정척도를 연구자에게 보냈다.

• 결과: 8명의 치료자 중 5명의 자료가 회수되었다. 본 연구의 기본 자료는 10세트의 Bender 도형과 평정척도이다.

• 신뢰도: 본 해석 체계의 신뢰도를 확립하기 위해 4가지 Bender 도형을 무선적으로 선택하여 저자들에게 주었다. 저자들은 각 도형에 대해 독립적으로 평정척도를 작성했고, 완성된 평정척도는 평가자간 신뢰도 검증을 위해 Pearson 적률 상관 계수를 구했다. 4개 도형에 대한 검사자 간 신뢰도는 .86, .72, .68, .65였고, 모두 .005 수준에서 유의했다.

• 타당도: Bender 도형의 6개 부가 세트는 해석을 위해 첫 번째 저자(Raphael)에게 주었다. 이 도형에 대한 평정척도와 타당도 검증에 사용되었던 네 가지 평정척도는 신뢰도를 위해 사용했다. 10개의 평정척도는 치료자들이 작성한 평정척도에 상응하는 상관관계를 보였다. 결과는 [표 1]에 제시했다.

[표 1]에서 볼 수 있듯이 Bender 해석과 치료자들의 평정에서 10개 중 8개의 상관관계는 .05수준에서 유의했다. 다른 성격평가 타당도 계수와 비교해보았더니 10개 중 6개는 .50 이상이었다.

· 논의: 본 연구는 정신역동적 틀 안에서 Bender 도형 해석의 새로운 방법에 대한 초기 작업이다. 초기라는 측면에서, 첫 번째 연구는 이 체계의 타당성 여부를 검증하기 위해 설계되었다. 결과는 이것이 타당한 체계라고 제안한다. 비록 본 연구가 작은 표본에 근거하여 각 결과의 타당도를 살펴보았지만, 해석 체계의 타당도에 대한 경험적 증거를 제공하는 목적은 달성했다.

[표 1]에서 볼 수 있듯이 10개 결과 중 2개에서 치료자들의 판단과 Bender 해석 간에 상관관계가 낮았다. 이 두 자료 세트의 상관관계가 낮은 원인을 찾기 위해 좀 더 면밀한 검토가 요구된다.

· 앞으로의 연구: 두 번째 연구는 현재 진행 중이며, R－R 해석 체계의 타당도에 대한 구체적인 분석을 제공할 예정이다. 이 연구는 APA의 정신분석 분과 회원 중 100명의 심리학자들이 참여했다. 그들에게 본 연구 목적을 설명했고, 자발적으로 일 년 이상 치료를 받은 환자의 Bender 도형 한 세트를 제출하도록 했다. 40명의 심리학자가 참여했고, 40명의 지원자가 얻어질 때까지 필요한 경우 무작위로 100명의 기존 심리학자 목록이 추가될 것이다. 그들은 각자 Bender 도형 한 세트를 제출하고 평정척도를 작성할 것이다. 우리는 다음의 연구를 할 것이다. (1) 각 항목에 대한 사례와 함께 항목별 타당도 검증, (2) '정신병리' 집단에서 추출된 표본이 인위적으로 타당도를 올리는지 여부 검토, (3) 평가 척도의 수정이 검사자 간 신뢰도를 향상시킬 수 있는지 여부 검토.

표 1	Pearson 적률상관계수: Bender 해석 vs 치료자의 채점	
피검자	r	p
1	.58	〈.005*
2	.61	〈.006
3	.59	〈.005
4	-.01	NS
5	.26	〈.05
6	.62	〈.006
7	/00	NS
8	.52	〈.005
9	.39	〈.005
10	.60	〈.005

* 모든 확률은 일방향으로 검증했다.

단원 2: Bender Gestalt에 대한 R-R 해석 체계의 교육 용이성과 검사자 간 신뢰도

본 연구는 R−R 해석 체계의 교육 용이성을 검증했다. 저자들은 Bender 도형에서 '채점 가능한 점수'가 있는 112개 항목을 개발했고, 각 해석을 포함시켰다. 또한, 112개의 해석은 41개 항목 척도 중 하나 이상과 관련이 있다. 5명의 박사 과정 학생이 이 체계를 배웠고, 두 세트 도형으로 배운 것을 연습했다. 그들은 이전에 저자들이 보지 않은 연구용 Bender 도형 두 세트 중 하나를 받았고, 개별적으로 그 도형에 대해 '112개 항목'과 '41개 항목' 척도 모두를 사용하여 평정했다. 저자들은 훈련 후 학생들의 응답을 보지 않은 채 같은 평정척도에 따라 두 Bender 도형을 채점했다. 학생들의 평정과 저자들의 평정을 비교했고, 결과는 [표 2]와 [표 3]에 제시했다.

• 요약: 연구 결과는 다음과 같다. (1) R-R 해석 체계는 쉽게 가르칠 수 있고, (2) 검사자 간 신뢰도는 높다. 112개 항목 평정척도

보다 41개 항목 평정척도에서 검사자 간 신뢰도가 더 높다는 점이 흥미롭다. 이는 41개 항목의 '중복'으로 인한 결과일 수 있다: 대부분의 항목은 112개 항목 척도에 대해 하나 이상의 참조 사항이 있었다. 그리고 각 항목 점수는 명확한 해석 규칙에 따라 결정되었다. 112개 항목 척도는 어떤 항목이 가장 어려운지를 확인하기 위해 검토할 것이고, 이 항목은 명확하게 수정될 것이다.

표 2 112개 항목 척도에서 학생 vs 저자 점수

도형 번호	일치율
1	89
1	90
2	82
2	81
2	85

표 3 41개 항목 척도에서의 학생 vs 저자 점수

도형 번호	일치율
1	93
1	88
2	88
2	88
2	80

단원 3: Miami대학 인간연구 계획서, 행동과학 소위원회

1. 프로젝트 제목: Bender Visual – Motor Gestalt 검사의 정신역동적 측면에 기반한 해석 체계 타당도 평가

2. 연구책임자 및 공동연구자: Herber M. Dandes, Ph.D. 공동연구자: Janine Osborne, Doug Reichel, Stephin Gill.

3. 수행기관: Miami대학

4. 연구시작일: 1991. 3. 1.

5. 자금지원: 해당 없음

6. 프로젝트 목표: 이 연구는 Bender Visual – Motor Gestalt 검사에 대한 정신역동적 해석 체계의 타당도를 평가하기 위해 설계되었다. 연구자들은 새로운 해석 체계로 임상가가 제공한 40개의 Bender Visual – Motor Gestalt 도형을 맹목해석할 것이다. 새로운 해석 체계의 타당도를 평가하기 위해 이 해석은 환자의 임상 프로파일과 비교할 것이다.

7. 모집 절차: 우편발송, 유인물 이용

8. 방법과 절차: APA 39개 분과 회원 중 100명의 심리학자를 무작위로 선택했다. 응답자 중 40명이 참가했다. 심리학자들은 1년 이상 치료를 해온 16세 이상의 환자 한 명을 선택할 것이다. 그리고 각 환자에게 Bender Visual – Motor Gestalt 검사를 실시할 것이다. 또한, 심리학자는 환자에 대한 지식을 바탕으로 41개 평정 항목을 작성할 것이다. Bender 도형과 임상 체크리스트는 연구자에게 이메일로 전달되고 익명으로 부호화된다. 도형은 새로운 해석 체계를 이용해 저자가 해석할 것이다. 저자는 해석에 근거하여 41개 항목의 체크리스트를 작성할 것이다. 아울러 환자에 대한 해석자의 체크리스트와 심리학자

의 체크리스트를 비교분석할 것이다.

단원 4: Miami대학 인간연구 프로토콜, 행동과학 소위원회

1. 프로젝트 제목: Bender Gestalt 도형 Ⅱ에 대한 R-R 해석 체계 타당도
2. 연구책임자 및 공동연구자: Herber M. Dandes, 연구책임자: Janine Osborne, Koug Reichel, Stephin Gill.
3. 수행기관: Miami대학
4. 연구 시작일: 1991. 4. 1.
5. 자금지원: 해당 없음
6. 프로젝트 목표: 이 프로젝트의 목표는 Bender Gestalt 도형에 대한 R-R 해석 체계의 타당도 연구를 지속하는 것이다. 특히, 본 연구는 1) 이 체계가 정상 집단과 정신병리 집단을 구분할 수 있는지를 검토하고, 2) 이 체계와 지필식 성격검사 간의 관계를 살펴 볼 것이다.
7. 모집 절차: 심리학 과목 수강생, 서명 등록
8. 방법과 절차: 두 피험자 집단이 참여한다(심리학 과목 수강생, R－R의 기록물). 첫 번째 집단에게 MMPI와 'Bender Visual－Motor Gestalt 검사'를 시행한 후 참가자들을 하나 이상의 임상척도에서 70T 이상을 받은 집단과 70T를 넘는 임상 척도가 없는 집단으로 나눈다. 'Bender'는 모든 참가자에게 실시되고 R-R 체계가 두 집단을 구분할 수 있는지를 결정하기 위해 비교한다. 두 번째 참가자들에게 Bender와 MMPI를 실시한다. 참가자들은 하나의 임상 척도에서 70T 이상을 받은 경우로 R-R Bender 점수로 구분할 수 있는지를 보기 위해 '정상' 대학생과 비교할 것이다.

두 집단 참가자 모두 R-R 해석 체계와 MMPI척도 점수 간의 상관을 검증한다.

9. 대상 집단: Miami 대학

10. 기록: 프로토콜에 관한 참가자 기록은 본 프로젝트의 연구책임 자와 R-R의 파일로 보관한다.

11. 비밀 유지: 자료는 특별한 숫자로 기록되고, 코드와 참가자들 의 정체성 간에는 연관성이 없다.

12. 속임수: 해당 없음

13. 연구 주제에 대한 신체적, 심리적, 사회적 위험에 대한 연구자 의 평가: 위험 없음

14. 동의: 참가자와 부모의 서명

15. 정보 청취: 참가자들은 보고를 받지 않는다.

16. 의료: 이 조사는 의료적인 부분은 없다.

17. 보장: 본 연구는 검토 위원회의 사전 승인을 제외하고 절차 방 법이나 동의서 상에 변동은 없다.

나는 Miami대학 인간 피험자 '행동 연구 가이드라인'에 지정된 모든 정보를 포함하여 매년 프로젝트를 요약해서 보고할 것이다.

나는 위 가이드라인의 복사본을 수령하고, 이를 준수할 것임을 서약한다.

Herbert M. Dandes
연구책임자

Reichenberg-Raphael 41개 항목 평정척도

1. 부모 간 친밀감
 1) 화합, 친밀한, 다정한
 2) 과장하지 않는
 3) 소원한, 분열된, 헤어진
 4) 해당 없음

2. 부모 간 공격성
 1) 평화로운, 보살피는, 평온한
 2) 과장하지 않는
 3) 폭력적인, 학대하는, 금방이라도 싸울 듯한, 가학적인
 4) 해당 없음

3. 학대 가능성(과거 학대를 포함하여)
 1) 안전한, 해 없는, 탈 없는
 2) 과장하지 않는
 3) 피학대, 침해하는, 희생된
 4) 해당 없음

4. 심리적 부모
 1) 어머니상

2) 모두 아님/모두

3) 아버지상

4) 해당 없음

5. 어머니상의 불일치

1) 조화롭지 않은, 다른, 모순된

2) 과장하지 않는

3) 적절한, 통합된, 결합된

4) 해당 없음

6. 아버지상의 불일치

1) 조화되지 않는, 다른, 모순된

2) 과장하지 않는

3) 적절한, 통합된, 결합된

4) 해당 없음

7. 어머니에 의한 양육결핍

1) 방치된, 무시하는, 돌보지 않는

2) 과장하지 않는

3) 기르는, 돌보는, 부양하는, 생계유지

4) 해당 없음

8. 아버지에 의한 양육결핍

1) 방치하는, 무시하는, 돌보지 않는

2) 과장하지 않는

3) 기르는, 돌보는, 부양하는, 생계유지

4) 해당 없음

9. 성적 외상

 1) 안전한, 위험하지 않은, 성적으로 무사한(해를 입지 않은)

 2) 과장하지 않는

 3) 추행, 수간, 성적학대

 4) 해당 없음

10. 충동 통제 불능

 1) 신중한, 조심스러운, 주의 깊은, 판단력 있는

 2) 과장하지 않는

 3) 경솔한, 조심성 없는, 성급한, 변덕스러운

 4) 해당 없음

11. 충동 조절장애의 만성화(평생에 걸친)

 1) 급성의, 일시적인, 우연한, 순간적인

 2) 과장하지 않는

 3) 오래된, 만성적인, 뿌리 깊은, 장기적인

 4) 해당 없음

12. 우울(특질로서)

 1) 행복한, 쾌활한, 만족하는, 우울하지 않은

 2) 과장하지 않는

 3) 슬픈, 외로운, 낙담한, 무기력한, 슬픈, 우울한

 4) 해당 없음

13. 정신증

 1) 일관성 있는, 조직화된 사고와 행동, 좋은 현실검증력

 2) 과장하지 않는

 3) 지리멸렬, 정서혼란, 사고의 왜곡 또는 좋지 못한 현실검증력

  4) 해당 없음

14. 퇴행(특질로서)

  1) 성숙한, 안정된, 발전하는, 유능한

  2) 과장하지 않는

  3) 되돌아가는, 퇴보된, 어린아이가 되는

  4) 해당 없음

15. 성적 행동화

  1) 일부일처, 헌신적인, 충실한

  2) 과장하지 않는

  3) 난혼, 매춘, 선정적인, 난봉꾼, 일부다처

  4) 해당 없음

16. 편집증

  1) 사람을 믿는, 솔직한, 태평한

  2) 과장하지 않는

  3) 의심 많은, 의심스러워하는, 괴롭히는, 조심스러운

  4) 해당 없음

17. 의존성

  1) 독립적인, 자급자족할 수 있는, 결단력 있는, 책임감 있는

  2) 과장하지 않는

  3) 수동적인, 종속된, 자신감 부족, 우유부단한

  4) 해당 없음

18. 해리

  1) 명확한 사고, 기민한, 통찰력 있는

2) 과장하지 않는

3) 인지 혼란, 심인성 기억상실, 개인 생활 상실

4) 해당 없음

19. 중독 성향

1) 성숙한, 독립적인, 자신감 있는

2) 과장하지 않는

3) 의존적인, 충동적인, 미숙한, 낮은 자존감, 통제하지 못하는

4) 해당 없음

20. 규칙과 규정에 순응하지 못하는

1) 정직하지 못한, 불성실한, 반항하는

2) 과장하지 않는

3) 복종하는, 신뢰할 수 있는, 정직한

4) 해당 없음

21. 사고 혼란

1) 체계적인, 안정적인, 명확한 사고

2) 과장하지 않는

3) 정신증, 체계적이지 못한 사고, 환각

4) 해당 없음

22. 분노 경향

1) 차분한, 편안한, 관대한

2) 과장하지 않는

3) 난폭한, 격정적인, 전투적인, 변덕스러운

4) 해당 없음

23. 권위와 갈등
  1) 순종적인, 복종하는, 법을 준수하는
  2) 과장하지 않는
  3) 반항적인, 반사회적인, 무례한, 가학적인, 저항하는, 무법 상태인
  4) 해당 없음

24. 정서에 사로잡힌 정도
  1) 논리적인, 통제하는, 설득력 있는, 목표 지향적인, 이성적인
  2) 과장하지 않는
  3) 불안정한, 히스테리, 충동적인
  4) 해당 없음

25. 자기 폄하
  1) 자존심 있는, 자존감, 자부심
  2) 과장하지 않는
  3) 자기혐오, 자기처벌, 낮은 자아상, 자신에 대한 반감, 자기학대
  4) 해당 없음

26. 가학 피학증(성과 공격성 사이의 혼란)
  1) 친절한, 온화한, 자애로운
  2) 과장하지 않는
  3) 잔인한, 악의적인, 성적 왜곡 또는 일탈
  4) 해당 없음

27. 부모로부터 분리되는 것에 대한 부적응
  1) 공생, 부적응, 미성숙, 의존적인

2) 과장하지 않는

3) 자율성, 성숙한, 자급자족

4) 해당 없음

28. 성역할에 대한 인식

1) 성적 특수성, 자신의 성에 대한 수용

2) 과장하지 않는

3) 생물학적 성에 대한 부인, 성정체감 위기, 자신의 성에 대한 불만

4) 해당 없음

29. 통제/조종하는 경향

1) 정직한, 솔직한, 협력하는

2) 과장하지 않는

3) 지배하려드는, 권위적인, 자신의 이익 또는 만족을 위해 타인에게 지시하는

4) 해당 없음

30. 정신병(특질로서)

1) 정직한, 법을 준수하는, 사회적으로 순응하는

2) 과장하지 않는

3) 가학적인, 잔인한, 반사회적인, 폭력적인, 충동적인, 법을 지키지 않는, 정직하지 못한

4) 해당 없음

31. 무기력

1) 능숙한, 자격 있는, 숙련된, 성생활에서 유능한

2) 과장하지 않는

3) 무기력, 성생활에서 무능 또는 미숙

4) 해당 없음

32. 수동성

1) 능동적인, 지시하는, 결단력 있는

2) 과장하지 않는

3) 소극적인, 기력이 없는, 수용적인, 무관심한

4) 해당 없음

33. 경계성 특성

1) 조직화된, 안정적인 대인관계, 자신감 있는, 자기 존중, 법을 준수하는

2) 과장하지 않는

3) 충동적인, 불안정한 대인관계, 정체성 장애, 기분변화, 자기 처벌적 행동, 법을 지키지 않는

4) 해당 없음

34. 자벌 경향

1) 자기 방위적인, 자기존중

2) 과장하지 않는

3) 자기 파괴적인, 자살, 자기폄하

4) 해당 없음

35. 억압

1) 허용하는, 받아들이는, 인정하는, 견디는

2) 과장하지 않는

3) 제한하는, 방해하는, 부정하는, 억압하는, 억제하는

4) 해당 없음

36. 히스테리/연극성
 1) 차분한, 안정된, 객관적인, 합리적인
 2) 과장하지 않는
 3) 자기중심적인, 과민한, 허영심이 많은, 의존적인, 충동적인
 4) 해당 없음

37. 기질적 장애
 1) 정상적인, 기능적이고 건강한
 2) 과장하지 않는
 3) 뇌손상, 신경학적 장애, 대뇌 기능장애
 4) 해당 없음

38. 심리성적 미성숙
 1) 발달한, 성숙한
 2) 과장하지 않는
 3) 순진한, 미숙한, 불완전한, 사춘기 이전
 4) 해당 없음

39. 삽입 불안
 1) 성교의 즐거움, 성관계 추구
 2) 과장하지 않는
 3) 음부에 해를 입을 것에 대한 두려움, 성교의 두려움, 질경,
    성적 쾌감상실
 4) 해당 없음

40. 거세불안
 1) 성교의 즐거움, 성관계 추구
 2) 과장하지 않는

　3) 성적 회피, 성교의 두려움, 발기부전, 성적 쾌감상실
　4) 해당 없음

41. 성적 집착
　1) 성적으로 성숙한, 성적으로 건강한
　2) 과장하지 않는
　3) 성적 충동, 성적 또는 무성의 객체와 지나친 성행동
　4) 해당 없음

Reichenberg-Raphael 112개 항목 채점 도구

공통 도형 왜곡

1. 9개 도형을 용지 가장자리에 그림(1/4"이내).
   - 해석: 특정 도형에서 환경적 제한을 필요로 함/찾음: 반사회적 태도, 정신병질.
   - 평정척도: 10-3, 11-3, 15-2, 19-3, 20-3, 23-3, 24-2, 30-3, 33-3, 38-3.

2. 도형을 용지 밖으로 그림.
   - 해석: 정신병.
   - 평정척도: 10-3, 11-3, 13-3, 21-3, 30-3.

3. 모든 도형을 용지 상단 1/3 지점에 그림.
   - 해석: 인위적 충동 통제, 반사회적 태도, 압박을 행동으로 전환. 자아 결함.
   - 평정척도: 10-3, 11-3, 15-3, 19-3, 20-3, 21-3, 22-3, 23-3, 24-3, 26-3, 29-3, 30-3, 33-3, 34-3, 38-3, 41-3.

4. 도형을 용지 오른쪽에 그림.
   - 해석: 거부적, 반항적, 반사회적.
   - 평정척도: 10-3, 11-3, 13-2, 15-2, 16-2, 19-2, 20-3, 21-2, 22-3, 23-3, 26-3, 29-3, 30-3, 38-3.

5. 2개 이상의 도형을 충돌하여 그리거나 거의 충돌함.
   - 해석: 충돌하는 도형의 영역을 강조하는 병적 측면, 정신증, 조현병의 형태.
   - 평정척도: 10-3, 11-3, 13-2(거의 충돌하는 경우) 또는 13-3(실제로 충돌하는 경우), 15-2, 19-3, 20-3, 23-3, 24-2, 30-3, 33-3, 38-3.

A번 카드

6. 원을 마름모보다 위에 그림.
   - 해석: 여성/어머니 주도, 심리적 부모상.
   - 평정척도: 4-1.
7. 마름모를 원보다 위에 그림.
   - 해석: 남성/아버지 주도, 심리적 부모상.
   - 평정척도: 4-3.
8. 원과 마름모 높이가 같음.
   - 해석: 둘 다 주도하지 않음/둘 다 주도, 심리적 부모상.
   - 평정척도: 4-2.
9. 도형이 잘 닿음.
   - 해석: 부부 간 친밀.
   - 평정척도: 1-1.
10. 마름모가 원에 관입.
    - 해석: 부부 갈등, 언어 그리고/또는 신체 학대.
    - 평정척도: 2-3, 3-3.
11. 한 도형이 떨어져 나간 것처럼 보임.
    - 해석: 부부 간 긴장.
    - 평정척도: 1-2.

12. 도형이 떨어져 있음.
   - 해석: 부모의 무관심.
   - 평정척도: 1-3.

13. 불완전한 원(선이 겹치고, 끊어지고, 튀어 나오고, 선 끝이 맞지 않음).
   - 해석: 여성/어머니상의 불충분한 양육.
   - 평정척도: 5-3, 7-3.

14. 불완전한 마름모(위와 동일).
   - 해석: 남성/아버지상의 불충분한 양육.
   - 평정척도: 6-3. 8-3.

15. 원을 그린 선이 바닥에 튀어나옴(꼬리).
   - 해석: 거세된, 지배적인 여성/어머니상.
   - 평정척도: 2-3, 3-2, 22-3, 26-2, 34-2, 40-3.

16. 마름모에 뾰족한 곳이 있음.*
   - 해석: 남성/아버지상에서 분노가 두드러짐.
   - 평정척도: 2-3, 3-2, 22-3, 23-3, 26-2, 34-2, 29-3, 40-2.

17. A번 카드를 용지 가운데 그리고, 다음 도형을 아래에 그림.
   - 해석: 성인 피검자만: 중요한 부모상에 의존.
   - 평정척도: 17-3, 23-3, 27-3.

18. A번 카드를 용지 가운데 그리고, 다음 도형을 위나 옆에 그림.
   - 해석: 성인 피검자만: 부모가 관여된 혼란에 압도.
   - 평정척도: 13-2, 17-3, 19-3, 23-3, 27-3, 33-3.

19. 원을 그린 선의 음영이 일정하지 않음(진했다가 옅었다가, 옅었다
   가 진했다가).

---

* 책의 원문에는 평정척도: 2−3, 3−2, 22−3, 23−3, 26−2, 34−2, 29−3, 40−2로 되어 있으나 제시 순서상 2−3, 3−2, 22−3, 23−3, 26−2, 29−3, 34−2, 40−2로 하는 것이 맞을 것 같다.

- 해석: 여성/어머니상이 불안정.
- 평정척도: 5-3.

20. 마름모의 선의 음영이 일정하지 않음(진했다가 옅었다가, 옅었다가 진했다가).
- 해석: 남성상/아버지상이 불안정.
- 평정척도: 6-3.

21. 원을 마름보다 진하게 그림(마름모는 적당히 진하게 그림).
- 해석: 여성/어머니상에 대한 적대감.
- 평정척도: 2-2, 22-2, 26-2, 29-2, 34-2.

22. 마름모를 원보다 진하게 그림(원은 적당히 진하게 그림).
- 해석: 남성/아버지상에 대한 적대감.
- 평정척도: 2-2, 22-2, 26-2, 29-2, 34-2.

23. 마름모를 그리지 못함.
- 해석: 기질적 손상, 뇌기능 장애.
- 평정척도: 37-3.

1번 카드

24. 점이 12개 이하.
- 해석: 약한 충동 통제력.
- 평정척도: 10-3, 11-2, 15-2, 19-2, 20-2, 22-2, 23-2, 24-2, 30-2, 33-2, 36-2, 38-2

25. 점이 12개 이상.
- 해석: 통제에 집착.
- 평정척도: 10-1, 16-2, 20-1, 21-2, 22-2, 23-2, 24-1, 29-3, 34-2, 35-2, 28-2, 41-2.

26. 선이 용지 밖으로 나감.

- 해석: 통제에 대한 정신병적 집착.
- 평정척도: 10-3, 11-3, 13-3, 14-3, 15-2, 21-3, 24-3, 41-3.

27. 선이 아래 방향으로 향함.
- 해석: 우울의 진행.
- 평정척도: 10-2, 12-3.

28. 선이 위쪽으로 향함.
- 해석: 행동화 가능성.
- 평정척도: 10-3, 11-3, 15-2, 19-2, 20-3, 23-3, 24-3, 30-2, 33-2, 36-2, 38-2.

29. 선 기울기가 위 아래로 변함(물결 모양).
- 해석: 충동 통제력 부족.
- 평정척도: 10-2, 11-2, 15-2, 19-2, 20-3, 23-2, 24-2, 30-2, 33-2, 36-2, 38-2.

30. 점을 원으로 그림.
- 해석: 정서적 퇴행, 의존 욕구, 분노.
- 평정척도: 10-3, 11-3, 12-3, 14-3, 17-3, 19-2, 20-2, 21-2, 22-3, 23-2, 24-3, 27-2, 33-3, 36-2, 38-2.

31. 점을 쌍으로 그림.
- 해석: 강박적, 편집증적 압박.
- 평정척도: 13-2, 16-3.

32. 점 사이에 간격 또는 공간.
- 해석: 심리적 분열.
- 평정척도: 3-2, 9-2, 18-2(간격이 한 번인 경우) 또는 18-3(한 번 이상 인 경우).

33. 선이 일정치 않음(어떤 것은 굵고 어떤 것은 얇고).
- 해석: 충동 통제력이 약함.

• 평정척도: 10-2, 11-2, 20-2, 23-2, 24-2, 33-2, 36-2, 38-2.

34. 선이 뚜렷함(굵고, 진함).

• 해석: 분노가 충동 통제력을 넘어섬.

• 평정척도: 10-2, 11-2, 20-2, 22-2, 23-2, 24-2, 35-2.

35. 선이 뚜렷하지 않음(희미하고 옅음).

• 해석: 수동적, 꺼려하고, 감정을 드러내지 않고, 순종적.

• 평정척도: 10-1, 17-3, 25-2, 32-2, 36-2.

2번 카드

36. 원 배열선의 하향 기울기.

• 해석: 자신에 대한 의식적 불만.

• 평정척도: 12-3, 25-3, 34-2.

37. 원 배열선의 상향 기울기.

• 해석: 변덕스러움, 신경질적, 외현적, 감정에 대한 과장된 표현.

• 평정척도: 10-2, 11-2, 22-3, 23-2, 24-3, 33-2, 36-3.

38. 원 기둥의 바깥 기울기 상실.

• 해석: 의식적 우울.

• 평정척도: 12-3.

39. (상승하는) 선을 지우고 재묘사.

• 해석: 자기 교정을 행동화할 수 있는 능력.

• 평정척도: 10-2, 11-1, 22-2, 23-2, 24-2, 36-2.

40. (상승하는) 선을 교차하고 재묘사.

• 해석: 자기 불만, 우울의 진행.

• 평정척도: 12-3, 25-3, 34-3.

41. 점 사이 불균형적으로 넓은 간격.

• 해석: 해리.

- 평정척도: 3-2, 9-2, 18-2(간격이 한 번인 경우) 또는 18-3(한 번 이
  상인 경우).

42. 채워진 원.
    - 해석: 분노 표현.
    - 평정척도: 22-3, 34-2.

43. 3개 원의 수직선에 네 번째 원이 추가됨.
    - 해석: 급성 조현병 과정.
    - 평정척도: 13-3, 14-3, 21-3.

44. 원 기둥의 극단적 바깥 기울기.
    - 해석: 의식적 자기 불만, 심한 우울, 관념 혼란.
    - 평정척도: 12-3, 13-3, 14-2, 21-3, 25-3, 34-3.

45. 자극 도형보다 큰 원(들).
    - 해석: 과장된 의존.
    - 평정척도: 17-3, 19-3, 25-2, 27-3, 31-2.

46. 서로 접촉하는 원.
    - 해석: 과장된 의존, 과장된 분노와 정서 혼란.
    - 평정척도: 17-3, 19-3, 21-2, 22-3, 24-3, 25-2, 27-3, 31-2, 33-2,
      36-2.

3번 카드

47. 여성 피검자만: 점이 원으로 퇴행.
    - 해석: 남성과 성관계에 대한 비호감, 아버지에 대한 분노.
    - 평정척도: 9-2, 13-2, 23-3, 28-2, 31-2, 36-2, 39-3.

48. 여성 피검자만: 지워지고 축소된 모양.
    - 해석: 삽입에 대한 병리적 관심과 공포.
    - 평정척도: 9-3, 28-2, 31-2, 36-2, 39-3.

49. 남성 피검자만: 원이 점으로 퇴행.
    - 해석: 아버지에 대한 분노, 관념 혼란과 퇴행, 성적이고 공격 적인 추동과 분리되지 못함.
    - 평정척도: 9-2, 13-2, 14-3, 15-3, 17-2, 21-3, 22-3, 23-3, 24-2, 26-3, 27-2, 28-2, 30-2, 31-2, 38-3, 40-3, 41-2.

50. 남성 피검자만: 지워지고 축소된 모양.
    - 해석: 어머니와 충분하지 못한 분리, 성행위 능력에 대한 관심.
    - 평정척도: 17-3, 23-2, 25-2, 27-3, 28-3, 31-3, 32-3, 38-3, 40-3, 41-2.

51. 16개 이상으로 점을 그림.
    - 해석: 성기능의 적대감과 분노.
    - 평정척도: 15-3, 22-3, 24-2, 26-3, 28-2, 38-2, 39-2, 40-2, 41-2.

52. 16개 이하로 점을 그림.
    - 해석: 성적 공격성의 부인과 거부.
    - 평정척도: 22-2, 24-2, 26-2, 38-2, 39-2, 40-2.

53. 가장 긴 열에서 7개보다 적거나 많은 점(화살표 뒤쪽의 7개의 점으로 된 열).
    - 해석: 의식 수준에서 감춰지거나 부인된 분노.
    - 평정척도: 22-2, 24-2.

54. 열 사이의 두드러진 공간(특히 화살표 앞과 뒤).
    - 해석: 한 번 부정되었던 강렬하고 숨겨진 분노 반응의 통제.
    - 평정척도: 10-3, 11-1, 13-3, 21-3, 22-3, 24-3, 30-3.

55. 곧지 않은 중간 열.
    - 해석: 기질적 장애 가능성.
    - 평정척도: 37-2.

4번 카드

56. 여성 피검자만: 상자와 곡선의 겹침.
    - 해석: 남자에 대한 비호감, 통제 또는 언어적/육체적으로 학대하는 경향, 정체성 혼란, 자기 혐오, 공격적 아버지와 동일시.
    - 평정척도: 2-3, 3-2, 4-3, 10-2, 11-2, 15-2, 20-2, 22-3, 24-2, 26-3, 27-2, 28-3, 29-3, 31-3, 33-3, 34-3, 36-3, 38-3, 39-3, 41-2.

57. 여성 피검자만: 상자의 수평선 아래 곡선 또는 부분적 곡선.
    - 해석: 유혹적인, 성기능 부전, 여성성 강조, 수동성.
    - 평정척도: 17-3, 23-1, 25-3, 26-2, 27-3, 31-3, 33-3, 34-3, 35-1, 36-3, 38-3.

58. 여성 피검자만: 상자의 오른쪽 수직선 가까이에 그린 곡선.
    - 해석: 강한 분노, 다른 여성을 불신하고 경쟁적임.
    - 평정척도: 10-1, 16-2, 18-1, 22-3.

59. 여성 피검자만: A번 카드와 마찬가지로 필압이 진함.
    - 해석: 강한 분노, 종속 역할을 유지하는 것의 무능력.
    - 평정척도: 16-2, 17-1, 20-3, 22-3, 23-3, 25-2, 26-2, 29-3, 32-1, 33-2, 34-2, 36-2.

60. 여성 피검자만: 상자의 둥근 모서리.
    - 해석: 남성의 여성화 또는 폄하.
    - 평정척도: 8-2, 19-2, 23-2, 26-2, 29-2.

61. 여성 피검자만: 자극 도형보다 크게 그려진 곡선.
    - 해석: 성을 지배하는 여성/어머니상: 지배적.
    - 평정척도: 4-1, 7-1, 17-1, 28-1, 29-3, 32-1.

62. 여성 피검자만: 자극 도형보다 크게 그려진 상자.
    - 해석: 성을 지배하는 남성/아버지상: 종속적.

- 평정척도: 4-3, 8-1, 17-3, 23-1, 25-2, 27-2, 28-1, 32-2, 34-2.

63. 남성 피검자만: 상자와 곡선이 겹침.

- 해석: 여성을 위협으로 지각, 여성에게 지배.

- 평정척도: 3-2, 17-3, 23-3, 25-2, 27-3, 28-2, 31-3, 38-3, 40-3.

64. 남성 피검자만 한함: 곡선을 관통하는 상자.

또는

65. 상자의 왼쪽보다 높은 오른쪽 수직선.

또는

66. 곡선을 상자의 수평선 아래에 그림.

또는

67. 상자의 선이 곡선보다 짙음.

또는

68. 자극 도형보다 크게 그려진 곡선.

또는

69. 자극 도형보다 크게 그려진 상자.

- 해석: 여성에 대한 비호감, 언어적 또는 육체적으로 상처주려 함, 허위로 남성성을 사용, 여성에게 "남성다움을 강조", 남성 성을 적절한 방법으로 표현하는 데 혼란된 정체성, 난잡, 동성 애에 대한 공포.

- 평정척도: 10-2, 11-2, 15-2, 22-2, 26-2, 28-2, 29-2, 30-2, 31-2, 38-3, 41-3.

70. 도형 간 분리.

- 해석: 대인관계 장해, 불신, 편집증, 중독 경향.

- 평정척도: 16-3, 17-2, 19-2.

71. 상자의 한 쪽 또는 양 쪽이 안쪽으로 기울어짐.

- 해석: 압박, 정서적으로 인색한 남성/아버지상.

• 평정척도: 8-3, 17-3, 19-3, 22-3, 23-3, 27-3.

72. 곡선의 한 쪽 또는 양 쪽이 안쪽으로 기울어짐.

  • 해석: 압박, 정서적으로 인색한 여성/어머니상.

  • 평정척도: 7-3, 17-3, 19-3, 22-3, 23-3, 27-3.

5번 카드

73. 7개 이하의 점으로 구성된 직선(성기 상징 도형).

  • 해석: 관입 불안, 가학－피학성, 거세, 남성적인 여성.

  • 평정척도: 3-2, 9-2, 22-2, 26-2, 28-3, 29-2, 31-2, 36-2, 38-2.

74. 남성 피검자만: 7개 이하 점으로 구성된 직선(성기 상징 도형).

  • 해석: 능력 부족, 수동적, 발기불능, 자존감 저하.

  • 평정척도: 9-2, 17-3, 20-2, 23-1, 25-3, 28-3, 31-3, 33-2, 38-2, 40-3.

75. 반원 왼쪽의 첫 번째 점 상실(그리고/또는 첫 번째 점의 상실로 인해 한쪽으로 치우친 반원).

  • 해석: 생애 첫 해 어머니의 불충분한 양육: 조현병 그리고/또는 조울 정신증.

  • 평정척도: 7-3, 13-2, 14-2, 17-3, 19-3, 21-2, 27-2, 38-3.

76. 반원에서 점 간의 분리.

  • 해석: 어머니로부터 분리, 악화, 정신적 외상.

  • 평정척도: 7-3.

77. 점을 원으로 퇴행(이전에 이 도형에서 지워진 시도까지 포함하여)

  • 해석: 의존 과정을 악화시키고 양육박탈 때문에 양육에 대한 지나친 요구: 정신증, 중독 경향.

  • 평정척도: 7-3, 8-3, 13-2, 14-3, 15-3, 17-3, 18-2, 19-3, 21-3, 22-3, 24-3, 27-3, 28-2, 30-2, 33-3, 36-3, 38-3.

78. 가슴/음경 상징으로 11, 12번째 점간의 교차 지점으로부터 이탈
(왼쪽에서 오른쪽으로).

   • 해석: 사춘기 문제, 추행을 포함하는 성적 외상 가능성.

   • 평정척도: 9-3, 15-2, 26-2, 27-2, 31-2, 38-2, 39-3, 40-2.

79. 하나 또는 두 도형에서 점 대신 대시로 그림.

   • 해석: 의존성 악화, 성적 회피, 신경성 식욕 부진.

   • 평정척도: 17-3, 19-3, 28-3, 31-3, 38-3, 39-3, 40-3.

80. 도형의 회전.

   • 해석: 왜곡, 비정상적 의존 욕구, 정서 혼란.

   • 평정척도: 7-3, 8-3, 12-3, 13-3, 14-3, 17-3, 19-3, 22-3, 24-3, 27-3, 30-3, 33-3, 36-3, 38-3.

6번 카드

81. 수직선과 수평선이 중심의 오른쪽, (그리고) 아래에 교차(바깥쪽과 아래).

   • 해석: 심한 우울, 정신증 과정, 조현병.

   • 평정척도: 12-3, 13-3, 14-3, 21-3.

82. 수직선과 수평선이 중심의 오른쪽, (그리고) 위에 교차(바깥쪽과 위)

   • 해석: 약해진 초자아, 불완전한 자아, 행동화, 정서 혼란, 성격 장애(정신증에 비례하는 것일지도 모르는).

   • 평정척도: 10-3, 11-3, 13-2, 14-2, 15-3, 19-3, 20-3, 23-3, 24-3, 26-3, 30-3, 33-3, 38-3, 41-3.

83. 수평선과 수직선이 중심의 왼쪽, (그리고) 아래에서 교차함(안쪽과 아래).

   • 해석: 성 또는 분노의 억제: 건망증, 꾸민 듯한, 히스테리.

   • 평정척도: 18-2, 35-3, 36-3, 38-3.

84. 수평선과 수직선이 중심의 왼쪽, (그리고) 위에서 교차함(안쪽과 위).
   - 해석: 우울, 자벌, 자살, 살인, 행동화.
   - 평정척도: 12-3, 22-3, 25-3, 26-3, 34-3.

85. 수평선의 급격한 상승.
   - 해석: 행동화, 정서 혼란.
   - 평정척도: 10-3, 11-3, 12-3, 19-3, 21-2, 24-3, 27-3, 33-3, 36-3, 38-3.

86. 수평선의 급격한 하강.
   - 해석: 과장된, 기분부전 경향.
   - 평정척도: 12-3, 24-2, 34-2.

87. 수평선이 수직선보다 연함.
   - 해석: 정서 억제.
   - 평정척도: 10-1, 16-2, 24-2, 29-2, 35-3.

88. 수평선이 수직선보다 진함.
   - 해석: 정서 중심.
   - 평정척도: 10-2, 11-2, 12-2, 22-2, 36-3.

89. 하나 또는 두 개의 선에서 뾰족한 곡선.
   - 해석: 기질적 장애 가능성.
   - 평정척도: 37-2.

90. 수평선 삭제.
   - 해석: 정서 강화, 정서 혼란.
   - 평정척도: 10-3, 11-3, 12-3, 13-2, 24-3, 33-3, 36-3.

91. 수직선 삭제(지운 흔적).
   - 해석: 분노 강화.
   - 평정척도: 10-3, 11-3, 12-2, 20-2, 22-3, 23-3, 24-3, 26-3, 29-2, 30-3, 33-3, 34-2.

7번 카드

92. 파선, 납작한 도형, 곡선 모양의 끝 또는 각의 상실.
    - 해석: 기질적 장애 가능성.
    - 평정척도: 37-2.

93. 파선.
    - 해석: 성적 혐오, 의식에서 성관념의 혼란 및/또는 성기능 붕괴.
    - 평정척도: 9-2, 15-2, 26-2, 31-2, 38-2, 39-3, 40-3.

94. 도형이 겹쳐지지 않음(전체 또는 불충분하게).
    - 해석: 남성의 거세불안, 성적 두려움.
    - 평정척도: 9-2, 31-2, 38-3, 39-3, 40-3.

95. 도형이 과도하게 겹침.
    - 해석: 리비도 관념에 몰두, 일차과정 가능성(조현병).
    - 평정척도: 10-3, 13-3, 15-3, 21-3, 38-3, 41-3.

96. 도형을 제시 자극보다 작게 또는 크게 그림.
    - 해석: 성기능 및/또는 성관념이 위협적, 성적 압력, 성적 행동화.
    - 평정척도: 10-3, 11-1, 13-3, 38-3, 39-3, 40-3, 41-3.

97. 지운 흔적.
    - 해석: 관입 불안.
    - 평정척도: 3-2, 36-2, 38-3, 39-3.

98. 지나치게 지운 흔적(하나 또는 두 도형 모두 삭제).
    - 해석: 성적 혼란, 정신병.
    - 평정척도: 13-3, 14-3, 14-3, 21-3, 24-3, 26-3, 30-3, 31-3, 36-3, 38-3, 39-3, 40-3.

99. 도형을 독립된 용지에 그림.
    - 해석: 성적 본질에 의해 강한 불안을 일으킴: 심리성적 미성숙:

성관념에 대한 회피.

- 평정척도: 9-3, 31-3, 32-3, 38-3, 39-3, 40-3.

100. 희미한 선.

- 해석: 성적 회피, 성기능 부전, 미성숙, 사춘기 심리성적 고착.
- 평정척도: 9-2, 15-2, 28-2. 31-2, 32-2, 36-2, 38-3, 39-3, 40-3.

101. 어두운 선 및/또는 어둡고, 날카로운 끝.

- 해석: 공격성 및/또는 가학 경향, 성과 공격성의 결합, 성적 외상 가능성, 성폭행.
- 평정척도: 9-2, 15-3, 22-3, 26-3, 30-3, 31-2, 38-3, 41-3.

102. 일관성 없는 선의 질(어둡고 희미한 선).

- 해석: 성적 외상.
- 평정척도: 9-3.

8번 카드

103. 여성 피검자만: 외부 도형을 제시 자극보다 작게 그림.

- 해석: 이성애 활동에 대한 의식적 반감 및/ 또는 성정체감 장애.
- 평정척도: 9-2, 28-2, 36-2, 38-3, 39-3.

104. 여성 피검자만: 중앙 다이아몬드가 바깥 도형의 선을 넘어서 확대.

- 해석: 이성애적 행동에 대한 두려움 또는 성쾌감 상실.
- 평정척도: 3-3, 9-3, 15-2, 26-2, 28-3, 31-3, 38-3, 39-3.

105. 남성 피검자만: 외부 도형을 제시 자극보다 작게 그림.

- 해석: 성기능 부전, 기능장애 염려.
- 평정척도: 9-2, 28-2, 31-3, 38-3, 40-3.

106. 파선

- 해석: 성과 공격성에 대한 혼동을 포함하는 성적 혼란, 성적 외상 가능성.

- 평정척도: 3-2, 9-3, 13-2, 14-3, 26-3, 28-2, 31-2, 38-3, 39-3, 40-3, 41-3.

107. 도형을 제시 자극보다 크게 그림.

- 해석: 성적 집착, 조현병 가능성.
- 평정척도: 13-2, 14-3, 15-3, 21-3, 38-3, 41-3.

108. 외부 도형에서 물결 모양, 곡선.

- 해석: 낮은 좌절 내성, 자기-모욕.
- 평정척도: 10-2, 11-2, 12-2, 22-2, 24-2, 25-3, 34-3, 36-2.

109. 외부 모양의 연장.

- 해석: 관념 혼란, 성기능을 포함하는 공격적 관념화.
- 평정척도: 3-2, 9-2, 10-2, 13-2, 15-2, 21-3, 24-2, 26-2, 33-3, 38-3, 41-3.

110. 약한 선.

- 해석: 관입 불안, 소통에 대한 두려움.
- 평정척도: 3-3, 9-3, 15-2, 26-2, 28-3, 31-3, 38-3, 39-3, 40-3.

111. 선의 음영, 어두운 혹은 과장된 접점.

- 해석: 성과 공격성의 결합, 성적 혼란, 성적 외상 가능성.
- 평정척도: 3-2, 9-3, 13-2, 14-3, 26-3, 28-2, 31-2, 38-3, 39-3, 40-3, 41-3.

112. 파선 및/또는 둥근 모서리.

- 해석: 기질적 장애 가능성.
- 평정척도: 37-2.

참 고 문 헌

Atkinson, L., Quarrington, B., Alp, I. E., and Cyr, J. J. (1986). "Rorschach Validity: An Empirical Approach to the Literature." *Journal of Clinical Psychology, 42*, 360 – 62.

Beck, S. J. (1937a). "Introduction to the Rorschach Method: A Manual of Personality Study." *American Orthopsychiatric Association Research Monographs, no. 1.* New York: American Orthopsychiatric Association.

Beck, S. J. (1960). *The Rorschach Experiment.* New York: Grune & Stratton.

Belter, R. W., McIntosh, J. A., Finch, A. J., Williams, L. D. et al. (1989). "The Bender Gestalt as s Method of Personality Assessment With Adolescents." *Journal of Clinical Psychology, 45*, 414 – 23.

Bender, L. (1938). "A Visual Motor Test and Its Clinical Use." *American Orthopsychiatric Association Research Monographs, no. 3.* New York: American Orthopsychiatric Association.

Binet, A. and Henri, V. (1895). "La psychologie individuelle." *L'Annee Psychologique, 2*, 411 – 65.

Cattell, J. M. (1887). "Experiments on the Association of Ideas." *Mind, 12*, 68 – 74.

Cohen, R., Montague, P., Nahtanson, L. and Swerdlik, M. 1988. *Psychological Testing.* California: Mayfield Publishing Co.

Craig, P. J. (1979). "Neuropsychological Assessment in Public Psychiatric Hospitals: The Current State of The Practice." *Clinical – Neuropsychology, 1(4)*, 1 – 7.

Dana, R. H. (1978). "Rorschach" In O. Buros, *The Eighth Mental Measurements Yearbook* (pp. 1040 – 42). Highland Park, N. J.: Gryphon Press.

Exner, J. E. (1981). "The Response Process and Diagnostic Efficacy."

10th International Rorschach Congress, Washington, D. C.

Exner, J. E. (1983). "Rorschach Assessment" In I. B. Weiner (Ed.), *Clinical Methods in Psychology* (2nd ed.). New York: Wiley.

Exner, J. E. (1986). The Rorschach: *A Comprehensive System Volume 1: Basic Foundations*. 2nd ed. New York: Wiley.

Exner, J. E. and Wiley, J. (1977). "Some Rorschach Data Concerning Suicide." *Journal of Personality Assessment, 41*, 339−48.

Frank, L. K. (1939). "Projective Methods For The Study of Personality." *Journal of Psychology, 8*, 389−413.

Freud, S. (1912−13). *Totem and Taboo*. Translated. New York: Moffatt, Yard, 1919.

Galton, F. (1883). *Inquiries Into Human Faculty and Its Development*. London: Macmillan.

Hain, J. D. (1964). "The Bender Gestalt Test: A Scoring Method for Identifying Brain Damage." *Journal of Consulting Psychology, 82*, 473−78.

Haramis, S. L. and Wagner, E. E. (1980). Differentiation Between Acting−Out and Non−Acting−Out Alcoholics With The Rorschach and Hand Test. *Journal of Clinical Psychology, 36(3)*, 791−97.

Hertz, M. (1986). "Rorschachbound: A 50−year Memoir." *Journal of Personality Assessment, 50(3)*, 396−416.

Hutt. M. L. (1969a). *The Hutt Adaptation of The Bender Gestalt Test*. 2nd ed. New York: Grune and Stratton.

Hutt. M. L., Miller, L. J. (1975). "Further Studies of a Measure of Adience−Abience: Reliability." *Journal of Personality Assessment, 39(2)*, 123−28.

Hutt. M. L. and Dates, B. G. (1977). "Reliabilities and Interrelation−ships of Two HABGT Scales for a Male Delinquent Population." *Journal of Personality Assessment, 41*, 492−96.

Jensen, A. R. (1965). "Review of the Rorschach." In O. Buros (ed.), *The Sixth Mental Measurements Yearbook* (pp. 1040−42). High−land Park, N. J.: Gryphon Press.

Karon, B. P. (1978). "Projective Tests are Valid." *American Psychol—ogist*, 33(8). 764−65.

Klopfer, B., Ainsworth, M., Klopfer, W. and Holt, R. R. (1954). Developments in the Rorschach Technique: Vol 1. Technique and Theory. Yonkers−on− Hudson, NY: World.

Koppitz, E. M. (1963). *The Bender Gestalt Test for Young Children.* New York: Grune and Stratton.

Koppitz, E. M. (1975). *The Bender Gestalt Test for Young Children, Vol II: Research and Application.* New York: Grune and Stratton.

Kraepelin, E. (1982). Uber die Beeinflussung Einfacher Psychischer Vorgange Durch Eininge Arzneimittle. Jena: Fischer.

Lacks, P. (1984). *Bender Gestalt Screening for Brain Dysfunction.* New York: Wiley.

McClelland, D. C. 1981. "Is Personality Consistent?" in A. I. Rabin, J. Aronoff, A. M. Barclay and R. H. Zucker (eds.), Further Explorations in Personality. (pp. 87−113). New York: Wiley.

Pascal. G. R., and Suttell, B. J. (1951). *The Bender Gestalt Test.* New York: Grune and Stratton.

Paulker, J. D. (1976). "A Quick Scoring System For The Bender Gestalt: Interrater Reliability and Scoring Validity." *Journal of Clinical Psychology,* 86−9.

Piotrowski, C., Sherry, D, and Keller, J. W. (1985). "Psychodiagnostic Test Usage: A survey of The Society for Personality Assessment." *Journal of Personality Assessment, 49,* 115−19.

Piotrowski, Z. A. (1957). *Perceptanalysis.* New York: Macmillan.

Piotrowski, Z. A. (1965). "Computer Imitation of Man." *American Journal of Clinical Hypnosis, 8(1),* 3−7.

Raport, D. Gill, M. M., and Schafer, R. (1945−1946). *Diagnostic Psychological Testing.* Chicago: Year Book Publishers.

Ritzler, B. and Alter, B. (1986). "Psychodiagnostic Testing in APA Approved Clinical Psychology Programs." *Professional Psychology: Research and Practice, 15(3),* 450−56.

Rossini, E. D. and Kaspar, J. C. (1987). "The Validity of The Bender Gestalt Emotional Indicators." *Journal of Personality Assessment, 51(2)*, 254−61.

Rorschach, H. (1921). *Psychodiagnostics.* New York: Grune and Stratton.

Schilder, P. (1934). "Space, Time and Perception." *Psyche, 14*, 124.

Schretlen, D. and Arkowitz, H. (1990). "A Psychological Test Battery to Detect Prison Inmates Who are Faking Insanity or Mental Retardation." *Behavioral Science and the Law, 8*, 75−84.

Schulberg, H. and Tolor, A. (1961). "The Use of The Bender Gestalt Test in Clinical Practice." *Journal of Projective Techniques, 25*, 347−51.

Spearman, C. (1926). The Abilities of Man: Their Nature and Measurement. New York: Macmillan.

Tenopyr, M. L. and Oeltjen, P. D. (1981). "Personal Selection and Classification." In M. R. Rosenzweig and L. W. Porter (eds.), *Annual Review of Psychology.* California: Annual Review.

Tolor, A., and Schulberg, H. (1963). *An Evaluation of The Bender Gestalt Test.* Springfield, Ill: Charles C. Thomas. ,

Ulrich, L. and Trumbo, D. (1965). "The Selection Interview Since 1949." *Psychological Bulletin, 63(2)*, 100−16.

Vukovich, D. H. (1983). "The Use of Projective Assessment by School Psychologists." *School Psychology Review, 12(3)*, 358−64.

Weiner, I. B. (1977). "Approaches to Rorschach Validation." In M. A. Rickers−Ovisankina (ed.), *Rorschach Psychology,* (pp. 575−608).

Weiner, I. B. (1986). "Conceptual and Empirical Perspectives on the Rorschach Assessment of Psychopathology." *Journal of Personality Assessment, 50(3)*, 115−19.

Wertheimer, M. (1923). "Studies in The Theory of Gestalt Psychology." *Psychologische, Forschung, 4*, 301−50.

찾 아 보 기

저자 소개

   Norman Reichenberg박사는 지역, 주, 연방 정부에서 25년 이상 법원증인 전문가로 일해왔고, 심리검사 분야의 특출한 전문가로 인정받고 있다. 그는 심리평가의뢰 전문 연구소에서 일하기 전까지 10년 동안 Florida주 Miami의 Jackson기념 병원에서 심리학자로 있었다.

   Alan J. Raphael박사는 Miami의과대학에서 심리학자로 일했다. 1982년부터는 아동과 성인을 대상으로 하는 심리평가, 심리치료, 자문 연구소에 있다. 그는 Miami대학 겸임교수로 로르샤하를 가르쳤고, 법원증인 전문가로 활동하고 있다.

   30년이 넘게 저자들은 정신건강의학과 외래와 입원환자 및 정신건강클리닉, 연구소, 지역, 주, 연방 교도소의 2만여 명의 외래환자를 평가했다. 그들은 심리검사와 채점, 심리평가 기관인 Reichenberg & Raphael Review를 설립했다.

역자 소개

최성진
부산대학교 심리학과 및 동대학원 졸업 문학박사
전남대학교병원 정신건강의학과 임상심리전문가과정 수료
보건복지부 정신보건임상심리사 1급
한국심리학회 임상심리전문가, 건강심리전문가, 범죄심리전문가
한국명상학회 명상치유전문가
한국청소년상담학회 청소년상담전문가
한국치료적심리평가협회장
(전) 부산가톨릭의료원 메리놀병원 정신건강의학과 임상심리실장
(현) 동명대학교 상담심리학과 교수, 학생상담센터장

(역) 내담자의 눈으로: 심리평가로 심리치료하기(박영사)
     심리평가로 심리치료하기 사례가이드북(박영스토리)
     기억워크북: 치매예방을 위한 통합적 기억훈련법(박영스토리)
(공저) 학술논문작성 및 출판지침(박영사)
(공역) 이상심리학(박학사), MMPI-2 평가의 핵심(박학사)

성인과 아동을 위한 BGT의 정신역동적 해석

초판발행	2015년 3월 9일
중판발행	2024년 5월 3일
지은이	Norman Reichenberg · Alan J. Raphael
옮긴이	최성진
펴낸이	노 현
편 집	배근하
기획/마케팅	노현
표지디자인	홍실비아
제 작	우인도 · 고철민
펴낸곳	㈜ 피와이메이트
	서울특별시 금천구 가산디지털2로 53 한라시그마밸리 210호(가산동)
	등록 2014. 2. 12. 제2018-000080호
전 화	02)733-6771
f a x	02)736-4818
e-mail	pys@pybook.co.kr
homepage	www.pybook.co.kr
ISBN	979-11-85754-33-8 93180

* 파본은 구입하신 곳에서 교환해 드립니다. 본서의 무단복제행위를 금합니다.
* 엮은이와 협의하여 인지첩부를 생략합니다.

정 가	12,000원

박영스토리는 박영사와 함께하는 브랜드입니다.